管他的，就是要有盼望

Hope Anyways

萬力豪牧師的7個人生變化球

萬力豪 Peter Wan ——著

獻給我的兩個孩子：Eliana and Raphael Wan

你們是上帝的美好禮物。願爸爸的故事能帶給你們勇氣，絕不輕易妥協去選擇輕鬆的路，而是要懷抱希望開創你們心中所看到的未來。

——爸爸

【推薦①】

扭轉我們人生的主，也能夠扭轉你

周巽正／台北靈糧堂主任牧師

跟 Peter 牧師見面，是十三年前他主動邀請我喝咖啡，後來有了更深認識並且很榮幸參與他回台灣全職服事主的整個旅程。從單身到結婚，一個女兒到一對兒女；從服事學生到開拓英語崇拜，再從英語崇拜擴張到雙語崇拜，直到後來成立「The Hope」分堂，我一邊同行，也一邊讚嘆神奇妙的呼召與恩典。

我們曉得「萬事都互相效力，叫愛神的人得益處，就是按祂旨意被召的人。」（羅馬書 8 章：28 節和合本）

這節經文是真的。

強迫症的得勝記號，成就了萬力豪牧師對於從神來的異象，永不退縮的專注。憂鬱症被神蹟般的觸摸後，成就了他對主復活的盼望，這樣的思維和信念也成為他生命的核心。

從自我否定的羞愧中被主醫治後，他成為賦予周遭的人價值的領袖，因為他深信「每個人都是值得的」！

這麼多年來陪著他，從全職服事到獨立牧會，經過許多高山低谷，也見證他的得著與他的失落。但從未改變的是，他對神的良善總是堅信不移，這樣的信念使他永遠充滿盼望。

這本書會帶你進入到 Peter 牧師生命中經歷盼望的歷程，我相信那位扭轉他人生的主，也要讓你親身體驗祂！

【推薦②】

找到我們人生的掌舵手

柳子駿牧師／台北復興堂主任牧師，暢銷書作家

「子駿牧師，什麼時候有空，我去找你喝杯咖啡？」Peter 有一天打來給我，約我出去聊聊天，那是我認識他的開始。其實整個過程，可以感覺得到他像極了一個大男孩，對於很多關於我的事充滿好奇，他時不時對於我的回答會有誇張的讚嘆（雖然我也不覺得我講得有這麼厲害），有時候他也會拍著手表示贊同，他從頭到腳散發出一種信心和活力，至今我在別的牧師身上還沒有找到過。那時候他的教會才剛開始，他也客氣地邀請我去講道，我跟他聊天完回家的路上，就覺得好喜歡這個人，我相信他做什麼一定都會成功。

其實這本書就是活生生可以認識 Peter 的最好教材，你可以看到一個人怎麼走過最深的幽谷、怎麼面對生命的破碎，但又可以看到這個故事的轉折，是多麼強大的信念和力量，成就了今天不平凡的人生。或許很多人會以為，Peter 的自信和成功，來自於他過去的成長環境，特別是因為他從小受過美式教育（應該是說「加式」教育），但是讀完這本書後你才會發現，「耶式計畫」才是成就這個完美故事背後真正的掌舵手。因此，我想要推薦給每一個覺得人生不是那麼順利、正在經歷低潮的朋友，一定要來讀，因為我看完以後有一個領悟——原來還有一個曾經比我還慘的人，他現在真的過得不錯！

【推薦 ③】

許願人生最重要的事

董家驊牧師／世界華福中心總幹事

我和 Peter 是在一場訪談中認識的。我訪談完他後，他邀我到辦公室喝杯咖啡，就這樣，喝出一段友誼。之後每隔一段時間，我們就會相約喝咖啡，談閱讀、談信仰、談思想、談憂慮、談人生、談成功、也談失敗。每次的相聚，都沒有特別的目的，但結束後，都感到滿足的喜樂。

在 Peter 的身上，我看到一個「施比受更為有福」的生命，一個真誠的生命！而當你再更多認識他一點後，就會發現，Peter 之所以能夠給也願意給，是因為他背後那豐盛給予的上帝；支撐他誠實的背後，是那位真實的上帝！生命，是來自上帝的禮物；而人生，就是上帝給我們一個機會，交換禮物彼此祝福的機會！

小時候聽到阿拉丁神燈的故事時，就會想著，如果我有許三個願望的機會，我會許什麼？長越大，越發現自己不論許什麼願，都非常可能會後悔！許願發大財？我不喜歡人們接近我，是因為錢。許願事業有成？但怎樣才算真正「有成」，人比人真是氣死人。

隨著年紀漸長，我發現真正的幸福，不在物質豐盛，雖然物質可以讓我們暫時快樂；也不在功成名就，雖然這也能讓我們暫時志得意滿。我們真正渴望的，是愛、被接納和活得有意義。

那麼，許願能有個美滿的家庭？這時電影《阿拉丁》裡，精靈說明三個許願的限制立刻潑了我一盆冷水，因為這其中一個限制就是：不可讓兩個人相愛。原來古老的神話也明白，人生最重要的事，是愛的關係，但這不是靠許願可以獲得的。

那麼，我們到底該怎麼辦？我相信當你細細閱讀這本書時，在 Peter 生命的故事裡，你會找到答案！

【推薦 ④】

萬物都有價，凡事有選擇

黃志靖長老／創略廣告總經理

我要說這個書名太有盼望了！

這種「管他的」和「就是要」的態度，總是容易叫人振奮期待，我的年輕歲月也常常在「管他的」「就是要」的心情中度過，大概跟我廣告人的特質有關，或是想要和人 PK……只是這樣的吶喊，並沒有迎來盼望的結果。

Peter 牧師在書中深切地引領我們思考這盼望的根源。

「管他的」其實大有學問，因為要分辨你被什麼所管，以及你不想被什麼管，錯誤理解造成極大落差。

「就是要」也充滿智慧原則，唯有發現動機及看見價值，才會帶來祝福。

當人們說「管他的」的時候，其實是被一個力量管轄了，觀念被限制了，行動被攔阻了，以至於想掙開這力量。但我們更要從中學習，我們不想被管束限制的心情處境是為了什麼呢？

原來很多時候，不在乎、不想管，帶來的結果不是釋放，而是自我放逐！

Peter 分享了他真實的生命故事，讓我們可以重新學習。接納我們每一個人，都是在「身體的限制與心靈的窘迫困境中，讓生命找到出路」。

盼望就是期待和希望的總和，不管是單純衝動的激情（像是我期待塞爾提克隊可以奇蹟式獲勝），或是深思熟慮的行動計畫（例如找到你值得以一生換取的遠大理想）。

不管你處在人生的哪一個階段，你都會面對「管他的」和「就是要」的決定時刻，但願啟發 Peter 幫助過他的上帝，也成為你進入盼望的幫助！

【推薦⑤】

我們都可以找回自己獨一無二的原廠設定

吳億盼／讀書 e 誌版主

「當一個人對另一個人說『什麼？你也這樣？我以為只有我一個人這樣呢……』的時候，友誼就誕生了。」——英國著名學者、文學家 C.S. 路易斯《四種愛》

資訊發達的現代，看似我們有更多的選擇以及自由成為獨特的自己。但不知不覺地也因為資訊的發達，反而讓人更焦慮自己不夠好，不夠有趣，不夠符合主流的趨勢。更多的選擇與可能性，在各種濾鏡之下，竟然反而變得同質性更高而挫折感也更重。如果巨大的網路世界都看不到我的位子，那人生還有什麼盼望呢？

但好消息是，不管你被多少的責罵、謊言、挫折、比較、以及社會期待所影響，變得用羞恥、孤單、或是用憤怒、冷漠、一臉不在乎把自己武裝起來，這個世界上是有一條道路，讓我們可以尋回真實的自己。像是被一堆垃圾資訊和不必要的 app 拖垮的手機，重新調整成原廠設定，好像又是新的一樣。更棒的是，這個盼望不是我們「努力」去爭取的，而是已經有人為我們埋單，我們只要願意並感恩接受就可以了。

認識萬牧師，總是會被他滿滿的活力所感染。當他敞開分享自己的心路歷程，你會感覺到這個盼望的真實。讀這本書會感覺到是一個朋友，分享他曾經自慚形穢的一面。當我們在脆弱中相遇時，就可以產生共鳴。而他所領受到，那個無法被攔阻的盼望，也會在這個共鳴中成為你我的盼望。

在一個不容易看見盼望的時代，甚願這個盼望的感染力超過任何的病毒，也讓出人意外的平安勝過對未知的恐懼！

【推薦⑥】

一切有盼望

李佳穎／Uber Eats 台灣區總經理

閱讀本書讓我懷抱滿滿的盼望。我有兩個兒子，每當他們不服管教，我和先生總會憂心是不是教養方式出了問題。看到神如何帶領萬牧師從一個有強迫症、暴力又憂鬱的男孩，逐漸成為一位勇氣十足、改變世界的領袖，讓我明白一切終有盼望！（林宜汶譯）

[自序] 管他的，就是要有盼望

◎萬力豪

有一家餐廳，我經常光顧。多年來，我就是在這家餐廳裡，經常喝著咖啡和吃著早午餐，與我生命中重要的人敞開心胸談肺腑之言。

「在大家眼中，你是個充滿自信的領袖。」某天，我和朋友一起在這家餐廳喝咖啡時，朋友這麼說。「但有好多人缺乏自信，且感覺不到希望。要怎麼開導這些人呢？」

聽到朋友竟然說「在別人眼中，我是個充滿自信的領袖」，我感到很訝異。因為我並不太認為自己是這樣的人。朋友問我這個問題時，他所不知道的是，關於自信和希望，我自己一路走來也是跌跌撞撞。很多人之所以會知道我，是因為看了 YouTube 上的一支影片，或在現場聽過我本人佈道。雖然別人眼中台上的我似乎很有自信，台下總有許多不為人知的辛酸故事。

這本書說的正是我生命中的這些故事。故事從我兒時說起，即使到我長大成人以後，也並非從此一路順遂。很多時候，我為了是否要分享這些故事而天人交戰，因為我擔心別人會對我投以異樣眼光。我曾經好幾次考慮索性不要寫這本書了，因為把這些故事寫出來，讓我覺得自己彷彿與人裸裎相見了。但在成長過程中，我所學到的一件事是，人可以覺得自己赤裸裸，卻不必為此心生羞恥。這就是上帝之愛的偉大力量。

希望我坦誠分享的這些心路歷程，能幫助你體認到一件事：「如果連像他這樣的人都仍有希望和未來，那麼像我這樣的人也一定能有希望和未來。」

願這本書能鼓舞你大膽編織夢想。

願這本書能鼓舞你勇敢活出人生。

（梁若瑜譯）

目　錄
CONTENTS

Chapter 1

破碎

以賽亞書 42：3

壓傷的蘆葦，祂不折斷；

將殘的燈火，祂不吹滅……

每個人都有傷疤

其實人的一生難免千瘡百孔，每個人都有深深淺淺的傷疤，疤痕一點也不難看，相反地，那才是最獨特、最有魅力的，傷疤和脆弱不能畫上等號，因為它不僅指出你的破碎，也代表痊癒，彷彿在訴說：「我曾經受了傷，但仍沒有退縮，選擇繼續前進。」

・怪異的強迫症｜說好的計畫，不能被打斷

不知道大家有沒有注意過人行道的紅磚紋路？曾經，那是我的惡夢。低頭看到小小格子裡布滿圖騰的黑色裂縫就覺得渾身不對勁，沒辦法踩上去。那是發生在小學以前的鮮明印象，忘記當時是繞路或回家，但心裡隱隱覺得：連路都沒辦法走，以後要怎麼活下去？我真的不正常。

開關電燈是我另一個莫名其妙的地雷，每次打開或關上電燈這個動作要反覆七次，日常生活裡很多瑣碎細節都要依照類似的「儀式」去做，並深信如果沒這樣做會引來不幸發生。而稚齡時期的最深恐懼就是家人會死掉或離開，所以為了避免悲劇必須確實做到，一次都不能少，完全無理可循，但恍如一種詛咒，揮之不去，無法克服。

其實一出生我就怪怪的，讓媽媽吃盡苦頭，難產的過程非常艱辛，最後還得用真空吸盤輔助吸引出來，頭部被拉成橢圓形，雖然會慢慢回復原狀，但醫生擔心造成腦部損傷，建議做一些刺激感官的復健，使腦子發育正常。於是打從有記憶以來，看心理醫生是我的日常。

不知道是不是刺激過度，我的很多行為較特異，極度好動，幾乎沒有一分鐘可以靜下來，典型的 ADHD 過動症。還會隨時

情緒失控、大哭大鬧，媽媽不得不帶我去看醫生，靠藥物控制，但那一年我幾乎不講一句話，媽媽覺得不是辦法，把藥停掉。除了過動，強迫症的病徵也很明顯，開頭提到的黑線惡夢、反覆開關電燈，案例不勝枚舉，記得有一次媽媽說要買冰淇淋給我吃，沒想到那間店提前關了，我在店外淒厲大叫：「你答應要買給我的！」打死不退，媽媽耐心安撫也沒用，因為吃冰淇淋這件「重大的事」已經深深卡進我的意識中。

還有一次我跟媽媽去她朋友家，媽媽在旁邊聊天，小孩子在看電影。我問媽媽能不能看完這部電影再回家，她沒多想，隨口回答可以啊。但電影還沒播完時，媽媽想起之後有行程要趕緊離開。我盯著螢幕，哭到天翻地覆，像發瘋一樣不肯走，並非這部電影多好看，而是看完它是一個既定的計畫，不允許被打斷。

・罪惡感與羞恥感｜怕被遺忘，卻又嚮往站在人群前

這些執著占據了童年時光，所以從小有一股羞恥感——我是個怪胎；或者說，我是個「破碎」的人，所謂的破碎，就是無法拼湊出完整美好的樣子，充滿許多羞於見人的毛病。罪惡感（guilty）和羞恥感（shame）是不同的，罪惡感是你做了一件錯

事，羞恥感則是你本身是一個錯誤。在亞洲社會，很多人常會有羞恥感，覺得自己沒扮演好媳婦、媽媽、孩子等等角色，不夠標準，沒做到完美……我小時候就是這樣，搞不清楚「正常」是什麼，只深深感到自己不對勁，卻因無法修補這些問題而退縮，以致想融入群體但生怕別人排斥討厭，有時忍不住懷疑我不是個被期待的孩子，可能我來到這個世界上是一個錯誤？

由於種種負面認定，我的存在感很低，深恐被眾人遺忘，很怕落單。念幼稚園時全班坐遊覽車出去玩，下車後老師要大家排成一列縱隊。我最晚下車，排到最後一個，回頭看後面沒有人了，開始莫名地掉眼淚，老師問我怎麼了也講不清楚，光顧著哭，好不容易才一把鼻涕一把淚地哽咽說：「我不要排最後一個……我不要排最後一個……」內心的 os：「後面沒有人了？同學和老師一定會忘記我這個人，他們會把我丟下！」老師趕快把我安插到中間，但她可能無法想像我的內心有多恐懼。

因為擔心被忽視、像個透明人不被看見，所以儘管自卑卻很嚮往站在人前講話，渴望能真誠地鼓勵並感動群眾。小六那年看到一部電影《ID4 星際終結者》電影裡有一段演到外星人攻占地球，美國總統帶領空軍將士，要為自由做最後一搏。全軍原本很沮喪，總統上台講了一段話鼓勵大家團結一心、無所畏懼，當他最後說：「Today we celebrate our Independence Day!」（今天我們將慶祝獨立紀念日！）台下全部人鼓掌振奮，歡聲叫好，向總統敬禮。總統無比堅韌的言語凝聚了眾人，大家原本渙散的眼神散放出光彩，我被這段精采的演講震住，特別把那段話錄音，逐字逐句背下來，還模仿著男主角的神情動作演給爸媽看，過幾天爸媽的朋友來家裡，又很開心地在大家面前表演一次。

．陰暗房間的光

但我並沒有因此就獲得信心，反而到青春期日漸怯懦，變得很怕上台說話。當時如果有人說我以後會當牧師，站在千人前傳福音，我一定覺得是個世紀大笑話！奇妙的是，二十幾歲有一次在禱告時，神清楚地給我看到當時念那段台詞的兒時畫面，感覺神在對我說：「Peter，那才是真正的你，我原本創造的你是那樣子，你就是要做這件事。」然後才慢慢體會到，只因為太害怕被拒絕，被自己錯誤的認知綑綁住，不斷說服自己是個膽怯的人，所以一直還沒有往該走的道路前進，不敢成為原本被神創造的真正的我。其實我根本不怕，我喜歡跟群眾講話，那就是神打造的我，我熱切地期盼跟大家分享想法、體驗，不是作秀，而是渴望與所有人一起成長，更深入地認識自我並得著喜樂。

回顧整段童年，一個清晰的畫面浮現：那裡是一個陰暗的房間，僅有個窗戶透著一點光，小男孩藉著微弱的光線，很起勁地低頭看書。他把自己框在一個狹小的空間裡，不要有任何人參與，因為深覺沒有人會接納他。小男孩急著想學習，渴望接觸探索這個浩瀚無垠的世界，但恐懼感讓他不敢邁出這個黑暗的小房間，他藉著那一絲絲光亮，想發掘比書上更多的事物，卻怎樣都找不到出口。

當你覺得自己是破碎的，就算別人再怎麼肯定，你只會想是因為他們沒看到真正的我，他們看到的是假象，其實我沒這麼厲害。內在總是否定自我，感覺不足，永遠反覆提醒自己 something is wrong，不願意換一個角度挖掘自我價值和優勢，即使有海量的證據顯示你已經到達顛峰都沒用，因為別人的讚賞捧場就像喝咖啡提神，只是暫時 high 一下。如同再優秀的運動員只是上一場比賽獲勝、再出名的歌手只是上一張唱片暢銷，接下來不知道會怎麼樣，顛峰過後是不是必然走下坡？外在什麼事都無法讓你相信自己可以變完整，惡性循環下，你只會覺得破碎越來越明顯、越來越無法彌補。

・你的傷疤可能是最獨特的

小時候的我把焦點集中在自己有病、不正常，從來沒想過「我不只是這樣」。相信很多人也有同樣的想法，隱隱感覺自己是破碎的，有很多瑕疵與陰暗面，彷彿一道道曲折深邃的傷疤，看起來怵目驚心，唯恐嚇到別人，所以習慣隱藏起來，只想呈現完好的一面。但這種心態形同把自己當成商品，就像攤子賣的漂亮水果，老闆不願你看太久，怕被發現水果有小碰撞，最好趕快銀貨兩訖，恕不退換。如果你一心想著遮醜，缺點不宜曝光，怕被揭露真相，自然不願與他人交往太深入，很難建立長久穩定的關係；但我們不是商品，不是要把自己賣掉賺錢，再說客人買了不滿意的商品，你這家店上了黑名單，以後他再也不願光顧，最後又是誰的損失？或者你選擇假裝遺忘，問題是騙得了別人騙不了自己，不小心揭開傷疤時痛到不能忍受。

其實人的一生難免千瘡百孔，每個人都有深深淺淺的傷疤，疤痕一點也不難看，相反地，那才是最獨特、最有魅力的，傷疤和脆弱不能畫上等號，因為它不僅指出你的破碎，也代表痊癒，彷彿在訴說：「我曾經受了傷，但仍沒有退縮，選擇繼續前進。」旁人往往會藉著這些傷口記憶你這個人，正如耶穌死後復活重生，卻始終帶著釘在十字架上的疤，象徵著克服困頓後得勝的標誌，門徒多馬觸碰到傷疤才確定祂是主耶穌。因此，不要再遮掩破碎的痕跡，它是專屬於你個人的印記，代表你還好好存活著，還有無限可能的未來。

\ 管他的，先來杯咖啡吧 / 心的練習題

◤「罪惡感與羞恥感不同。罪惡感是你做了一件錯的事，羞恥感是你本身是一個錯誤。」試著想想自己是否可以界定這兩種感覺的差異？

◤回顧你的童年，你受到的肯定有哪些？你受到的否定又有哪些？

你有哪些脆弱的點？你都用什麼方式來轉換或克服？

寫一段關於克服脆弱的祈禱文：

美麗但不完美

如果你也覺得自己是完美主義，停止沉溺在怪責這裡不對那裡不好的狀態，停止想要做到零負評，從另一角度看待自己，才能發現真正的你。

‧ 自動忽視優點，卻把缺點無限放大

小學時我的成績很優秀，不讀書、不寫功課都能名列前茅，爸媽也常稱讚我很聰明、很特別。我從來就不是一個乖小孩，但對發掘新事物興致勃勃，在探索學習各種知識這方面充滿勇氣與好奇，很愛發問、閱讀，尤其喜歡歷史類和百科全書，連外出吃飯都要帶著一本書。強迫症讓我執著一些枝微末節，像被關在暗室裡，但閱讀給我一線光芒，帶領我接觸世界的廣闊，然而這一切優點不足以讓我跳脫出來，心底深處始終聚焦在我的毛病、破碎、古怪、缺陷……用一大堆壞的標籤來定義自己。

照說這種孩子應該很孤僻、內向、沒朋友，但在鄰居間我卻很有領導力，常常帶一堆小鬼頭玩鬧。小學時，我家附近有塊草地，種了很多大樹，固定時間會有人修剪，剩下很多枝葉待清理。不知哪來的靈感，我看著那一堆堆殘枝敗葉，腦海裡畫出了一幅很美的藍圖：如果把這些樹枝綁起來，帶去上次發現的那個很隱密的地方，或許可以布置成樹屋？還可以做一個警鈴，如果有大人來就可以躲到挖好的地洞裡……心頭浮出好多計畫，越想越興奮，找來鄰居朋友動手，大家把樹枝收集起來，拖去我指定的地方蓋祕密基地，弄出有模有樣的堡壘，每個人都玩得不亦樂乎。

惡作劇更是讓我樂此不疲，有一次媽媽出門，那時我才小學三年級，竟然找妹妹把廚房排水口塞住，然後倒滿水淹到腳踝，再弄很多洗碗精製造出泡泡浴，兩個人只差沒把房子毀掉，連向來乖巧的模範生妹妹也玩得好開心。更誇張的是，我會帶同學偷偷躲到公寓屋頂，把塑膠袋裝滿水、冰塊，彈珠，往樓下丟公車！發明各種稀奇古怪的危險遊戲是我的樂趣，偏偏還很多人跟著，影響力之大，儼然成了領頭羊。

詭異的是有些「傑作」在記憶中被修改了，發現的起因是和兒時最佳拍檔聊天。以前我最常帶著大妹 Dinah、好友 Shirley 兩個女生四處闖禍，那天隨口問 Shirley 記不記得小時候她有多皮，帶我們幹很多壞事？結果她和大妹異口同聲說：「每次都是你帶大家去做的啊！」

一直記得自己只是小跟班，因為不相信我可以帶領別人、當主導地位，重新整理記憶才慢慢回想起來：原來我從小就有一呼百諾的領導力！但當時只覺得這些 idea 很好玩，大夥兒跟著也沒什麼大不了。我明明有能力吸引同伴卻不自覺，明明很受歡迎卻又非常害怕隨時被遺忘，換句話說，擁有的優點都自動忽視，只盯著缺點無限放大。可能有人覺得很不可思議，簡直是人格分裂，但其實每個人都很矛盾，與生俱來很多相反面向的性格。直到現在，我仍然很矛盾，即使教會發展穩定，每次辦活動我都還是很驚訝會來這麼多人，同事們覺得我未免太多慮，但我就是無法百分百放鬆，始終不認為事情絕對可以很順遂，成功永遠不會是理所當然的。

・每個人身上的禮物

這些往事讓我聯想到，小時候陷入羞恥感，覺得自己是破碎的、不完美的，但事實上那造就了美麗，使我有吸引力。以前覺得壞的標籤，現在看來反而都是好的特質——恐懼可以轉成想像力，敏感是因為對內在世界充滿省察，惡搞亂鬧表現出創意滿滿。

而當孩子王雖然多半幹些壞事，但領導力本來就是中立的，這種力量足以影響一群人去做他們不想做的事情，可能是往好的、正向的、良善的，也可能是壞的、負面的、瘋狂的。領導力是一種天分，英文裡有一個字 charisma，意思是啟發人、讓人去投入一件事，簡單講就是魅力，而這個字來自希臘文，原意是禮物。並非每個人都擁有，這是屬神的，宛如神所賜予的，打開這個禮物的人才能領導群眾。小時候我有這個禮物，雖然全用在玩樂和惡作劇上，但羞恥感把它淹沒了，幸好我能重新發現它並往正面發展。

當然，就算我現在成為有影響力的牧者，但還是會掉入負面情緒中，仍然有很多強迫症的病徵。沒有人可以是完美的，人不會被完美吸引，而是被美麗吸引，打比方如果牆上畫一個完美的圓圈或正方形，角度正確、線條不突出，就算很巨大也會被忽略；相反地，一幅畫可能亂糟糟、不平衡、不合邏輯，卻充滿想像空間，反映出畫家的內心世界而爆發出迷人特色，才能引起眾人研究。

聖經中講神是聖潔的，不只是完美的，也是美麗的。讓人想靠近但覺得自己不配太貼近又不捨得離開，於是倒在地上仰望。神的屬性是有吸引力，祂創造的世界也是美麗的，就像伊甸園並非完美，它充滿危險，誘惑人犯罪，但人可以選擇要毀滅或繼續創造美麗。

美麗是會勾起注意，讓人有好奇心，有興趣想去認識、了解；完美是什麼都工工整整，但也可能了無新意。真正吸引人的是故事，就像身上的傷疤可能背後帶著一段刻骨銘心的記憶、一段失敗的關係、被虐待的童年、被拒絕的失落……相信我，這些故事是值得說出來的，完美反而沒什麼可探索。如果你也覺得自己是完美主義，停止沉溺在怪責這裡不對那裡不好的狀態，停止想要做到零負評，從另一角度看待自己，才能發現真正的你。

・破碎卻渴望完美滿分的我

長期以來，學校體制教育大家成就是取決於離完美有多遠，九十分比八十分好，但距離一百分還差一些。我們在這種標準中長大，心中也自然會為接近完美的人獻上獎勵與豔羡。另一方面，科技進步推波助瀾，眾人的標準更形成一種追求完美的趨向，FB、IG、雜誌上的照片透過濾鏡與軟體修飾早已習以為常，結果呈現一種虛假和距離感，遺忘了真實的美麗才有打動人心的力量。所以我在網路上發布照片從不修圖，我不在乎眼周明顯的皺紋，這些皺褶訴說著活過的歲月、經歷的痛苦和享受的笑聲，它們是驕傲的紀錄，不該被隱藏。

回頭看看，那個自認破碎的我就是太渴望滿分，所以過得很掙扎，還要走很漫長一段旅程才漸漸明白應該如何看待自己。印象很深刻的是有一次媽媽陪我去同學在麥當勞辦的生日派對，我玩得興高采烈，媽媽問我生日時想不想也在麥當勞辦一個party ？我想都沒想，立刻說不要。

生日是一個慶祝的活動，可以接受所有人的注目和祝福，應該要很享受大家羨慕的眼光，我也很想被重視，但朋友會不會因此看穿我是個破碎的怪胎？另外，我不覺得自己有何特別價值，別人幹嘛為我慶祝？怎麼有資格當主角，吹蠟燭許願？憑什麼許願？人家又幹嘛在乎我的願望，還要在我身上耽擱時間？更殘酷的是萬一沒有朋友來，不如不要辦，才不必面對現實。

至於後來到底有沒有辦生日派對，記憶已經模糊了。直到三十幾歲生日前，跟我太太 Peggy 聊起這件事，她決定在麥當勞幫我圓夢，打電話去訂時間和餐點。服務員問她：「你的小孩幾歲？」她說：「喔，是我先生。」電話那頭有點小尷尬，我們倆相視偷笑，還好麥當勞沒有規定大人不能在那舉辦生日會。

人生的經歷很奇妙，一切似乎繞到原點，同樣是辦生日派對但感覺完全不同，我很確定朋友都會來為我慶祝。那次生日派對很圓滿，我跟大家解釋為何到麥當勞辦生日派對——這對我意義重大，代表小男孩終於不再執著於一百分，而能重新看待自己了！雖然離完美仍然遙不可及，雖然破碎的疤痕早已赤裸裸展露給人看見，但絲毫不減損我獨特的美麗故事，而能幸運地擁有這麼多朋友和家人的愛。

\ 管他的，先來杯咖啡吧 / 心的練習題

請想一想你個性中的特質。

「美麗會勾起注意，讓人有好奇心，有興趣想去認識、了解；完美是什麼都工工整整，但也可能了無新意。」那麼你是完美主義嗎？

你現在渴望什麼？

Chapter 2

盡頭

傳道書 3:11

上帝造萬物，各按其時成為美好，

又將永生安置在世人心裡；

然而上帝從始至終的作為，人不能參透。

人生是美好的

如果你正在經歷這樣的黑暗，我雖然沒辦法說什麼或做什麼讓你走出憂鬱，但我想把媽媽的話送給你：「雖然你現在還感受不到，但人生是美好的。」

・逞兇鬥狠其實卻很自卑的憤怒期

媽媽曾經對我說「人生是美好的」，那時我在加拿大讀高中，憂鬱成疾，覺得生命走到一條無法穿越的死巷子，對媽媽的話似懂非懂，卻莫名地烙印在腦海中。

回想起那段黑暗期猶如一條漫漫長路，我走了很多年，從狂躁到憂鬱，慢慢累積到絕望。起初是從童年陰影延伸，沒自信、破碎感很深的我到國中時又更困擾了。主要是開始意識到性別，焦點全放在女生身上，但沒有一個女生對我有好感，所以自我形象更低落。青少年之間往往以交往對象來證明自己的價值，男女生去約會、看電影是很正常的，很多人都有談過戀愛，更突顯我這個脫單無能的超級魯蛇，永遠淪為人生失敗組。

也因此長大後遇到女生表示很欣賞我，都會驚訝到覺得她是不是在開玩笑？這是不可能的！就像從小是胖子的人即使變瘦了，仍會有個胖小孩在內心，始終對身材敏感到不行；而我的內在深處有個怕被拒絕的小孩，隨時跑出來否定自己的價值。

到加拿大念書時仍然可憐沒人愛，曾試著想追求一個漂亮女孩，在網上聊天時問她：「女生喜歡有什麼特點的男生？」看到螢幕上跳出 confidence（自信）這個字就想抱頭痛哭——她居然點了我的死穴！她沒說要很帥很高或幽默溫柔，偏偏講了我最缺乏的。沮喪又難過之下，忍不住再多問一句：「那你願意當我的女友嗎？」跳出來的字再令我碰一鼻子灰，「對不起，我是蕾絲邊。」幾年後才發現她是騙我的，她根本不是同性戀，只是很委婉地拒絕我。

於是那個在暗室讀書的小男孩，更是往封閉的角落裡鑽，彷彿窗口的一線光越來越幽微了。從怪小孩漸漸走向暴力青春期，參加橄欖球校隊滿足暴力衝撞的慾望，可惜沒什麼突出成績，所以為了證明自我，開始惹事生非，動不動就跟人打架，如同神經質的小狗亂叫亂咬來假造聲勢，強壯的大狗反而很安靜；也很像暴發戶心態，因為窮過所以要顯擺給人看，向來富裕的人反而很低調，不會特別想證明什麼。

我不希望比別人差勁，所以更想表現出自己很強，隨時逞兇鬥狠，誰敢稍稍惹我不爽就用武力解決。有一次上課時同學嘲笑我一句，我二話不說，趁著老師轉身寫黑板時拿起筆狠命戳他，他頭部流血，老師回過頭看到嚇一跳，但他假裝沒事，說不小心撞到桌子，可能怕告狀更要遭殃。

古怪的性情令周圍的人很受不了，剛去加拿大時認識一個韓國人朋友 Joon，原本我們很要好，但有時我沒來由發怒會無法控制地打他或用領帶勒他脖子，毫無預料地他忽然表示不要再當我的朋友、不願意和我太親近，因為我讓他很害怕。我很難過但也無能為力，沒辦法改變自己，更不可能修補關係。還有一次，媽媽開車，我坐在副駕駛座，忘記什麼事兩人起口角，越吵越兇，我竟開車門跳出去。媽媽氣炸了，罵我如此不顧後果，有沒有一絲絲顧慮到媽媽的心情？我承認沒有，誰的心情我都無法顧慮，當下滿心憤怒、腦子空白，怎麼控制行為思想？

·「生無可戀」的憂鬱期

沒想到，憤怒期又繼續往下沉淪，漸漸地對所有人事物都沒興趣，連橄欖球也不想打、書也懶得讀，或者盯著電視看 A 片。那其實很傷害大腦，有人研究過在年紀太輕時過度刺激感官，反而會造成腦子遲鈍；就像網路世代，大家追求按讚數，每次滑開社群媒體聽到叮一聲很有快感，簡直像嗑藥般上癮，習慣了追求這種快感，就不會去學習有意義的事物，畢竟有意義的事物不會每分每秒帶給你快感。但那種刺激只是讓你暫時自我感覺良好，對建造內在完全沒幫助，不會讓你更有學問、更有深度、更有趣，對世界沒有任何益處，不能解決任何問題，只會消耗你的時間。一直被刺激的結果是尋求更猛烈的刺激，但事實上你已經麻木了。

就這樣，一步步地往黑暗走，原本充滿憤怒，覺得世界應該毀滅、大家都是邪惡的，然後越來越封閉，覺得生活充滿一堆無聊事，過一天算一天，生氣也沒用，什麼都不會改變，徹徹底底成了憂鬱青年。憂鬱症不是傷心沮喪，而是失去生命力，感受不到任何情緒，沒有在過生活，充其量只是呼吸心跳沒停止。

並非因為課業的問題，那是別人訂的遊戲規則，九十分和八十分對我來說沒差別，當時我的成績很好，但不會有喜悅感或想要更優秀，從來不至於造成動力或焦慮。講不上來有什麼特殊原因，但就是逐漸感覺「生無可戀」，高中的最後兩三年，每天很壓抑地起床，有時不想刷牙，一週洗一次澡，死氣沉沉的心理狀態不需要有清新感；更沒有什麼品味可言，沒想過喜歡什麼打扮，反正媽媽買來就穿，音樂只聽免費的，偶爾看看運動比賽，連特別支持的球隊都越來越不關注。不會期待明天更好或有新鮮事，視野全是一片黑霧，沒有期待也就不會開心，每天像倉鼠跑圈圈無限循環，失去新的可能性、動力、熱情、好奇，更別說對未來的計畫與創造，放棄自我到完全停擺。

人會活到萬念俱灰、了無生趣，多半都不是因為面臨困境，人能克服困難的力量超乎自己所想像的強韌，但前提是必須有個對未來的想望，就是度過艱險後的美好狀況。譬如難民那麼危險辛苦地逃亡，但只要想著可以讓下一代過得更好，這幅美麗的圖像就足以成為支撐他們繼續奮鬥的動力。相反地，一旦失去希望，對未來一片茫然，沒有追求的目標，自然會越來越厭世。

剛當牧師時，一開始很怕遇到這種狀況的人來向我求助，因為我沒有答案，不知道該說什麼來安慰對方。後來讀到聖經中有一段記載著一個患病的人名叫拉撒路，馬利亞和馬大請耶穌來為她們的弟弟禱告，但耶穌到時拉撒路已經在四天前埋葬了。當耶穌得知消息後，約翰福音只寫了兩個字：Jesus wept（耶穌哭了），那是全本聖經最短的一節，但充滿了力量。耶穌面對如此痛苦，只是以哭泣表達祂的愛與陪伴，沒有說一句話或多做解釋。

這段經文讓我了解到，對於別人面對巨大的傷痛，能做的只是陪伴。講什麼其實很多餘，有時候我們出自好意想開導對方，結果往往透露出責怪對方的意思，安慰的言語說得不恰當反而造成更大的壓力。此時真的不必說太多，只要在旁邊陪伴著，不要覺得沉默很尷尬，控制自己的舌頭，話不是多說就好，有時候填補空白的虛話會變成反效果。因為深陷憂傷的人要的不是答案，你的答案不會有幫助，他們不會因此豁然開朗。正如耶穌是走在人的痛苦當中，而非高高在上講些大道理。

・一宿雖有哭泣，早晨必定歡呼

雖然憂鬱症狀日益嚴重，但我也不打算走上絕路。多半人嚷嚷著要自殺不會真的付諸行動，而是求救訊號，或想試探誰會趕來搭救，而我似乎也沒在意這個部分，只想到或許去搶銀行或發瘋鬧鬧新聞，至少幹點「大事」可能會快樂點……結果一方面太孬種，一方面根本提不起勁，使壞也需要力氣。只好日復一日勉強著上課、寫作業，表面上還是如同往常和朋友玩鬧、打電動，做一般青少年會做的事，所以朋友們也不會覺得我有何異樣，但骨子裡我只是吃飯、睡覺，基本生存著，沒有喜怒哀樂，不算真正活著，跟活死人、喪屍差不多。

病徵每況愈下，有一晚，無所事事地躺在床上，學校宿舍的床是雙層的，我在下舖癱平。看著伸手可觸及的木板，覺得自己很像被鎖鏈束縛著，困在暗黑的牢籠中，很想逃離這種絕望，隨手拿起一枝麥克筆在床板上寫：God help me……God help me……重複寫了好幾次。聖經有段經文是「一宿雖然有哭泣，早晨必將歡呼」，但我感覺晚上到白天內心都在流淚不止，絕望、倒帶、重複，如此陷溺在自憐，永遠不會好轉。小時候去過教會，一直相信神是存在的，雖然還沒和神建立關係，但走投無路、無法跨越這死寂的盡頭，只能呼求神救救我。

・永遠不要放棄人生是美好的

大概再也掩飾不了，被媽媽嗅出不對勁。那時兩個妹妹都在台灣，媽媽兩邊跑。她很敏銳、善於觀察，也很會引導人。我和父母之間的關係很緊密，他們都把我當成大人看待，很小時就跟我說：「現在我們會管教你打罵你，但有一天你成為大人，沒人會理你怎樣無理取鬧，你要學習管理自己。」由於他們很開明，竭盡所能地照顧我，跟我溝通，而不是採威權式的命令，所以不同於一般青少年，我可以和父母傾訴心事，很清楚父母是生命中最重要的人。眼看著自己將要溺死了，而他們是唯一僅存的浮木。

於是我告訴媽媽我不想活了，她聽了也沒太驚嚇，可能很習慣接受我的折磨。她很冷靜地決定帶我去找精神科醫生，接著開始每週有一下午開著車載我去醫院，晚上再載我回學校。在這段固定路程中，通常我們都很沉默。加拿大的校園很漂亮，我坐在後座，媽媽開著車，有一次途經一片綠草地，黃昏時天空晚霞片片，學校裡很寧靜，透著一股安詳氛圍，媽媽要我往外看，並說：「Peter，我知道你現在還感受不到，但 Life is beautiful，以後你會懂。」這段輕描淡寫、彷彿沒什麼情緒的簡短話語一直刻在心中，在最絕望悲觀時，很感謝她始終支持我，而且我知道她永遠不會放棄我。

走過這段時期，才真正領悟媽媽的話，並一直影響我至今。如果你正在經歷這樣的黑暗，我雖然沒辦法說什麼或做什麼讓你走出憂鬱，但我想把媽媽的話送給你：「雖然你現在還感受不到，但 Life is beautiful！」相信你會有更好的未來，發現生命中處處有值得欣賞的風景，尤其當你認識了神，擁有信念，更能懷抱希望地活著。

\ 管他的，先來杯咖啡吧 / 心的練習題

◤ 你最近一次和朋友爭吵是什麼時候？為了什麼事？後來如何解決呢？

◤ 想一想引發你情緒中憤怒的原因？

◤ 關於哪一方面的事情會讓你覺得無力、沮喪、了無生趣？

◤ 人能克服困難的力量超乎自己所想像，但你必須對未來有想望，試著規劃今年想要完成的事。

不是結束，只是轉彎

一切發生得太快，在沒來得及思考時，夜晚已降臨，剩下我一人在房間裡。我開始想著自己怎麼會這麼糟糕？淪落此境遇的人不多吧？我居然是其中之一！

・留院察看

高中時，我常常做一個同樣的夢：飛翔。很奇妙的是，我知道自己正在夢中，會想著反正是做夢，什麼都可以實現，所以我要飛起來，然後跑著跑著、一跳，就真的在天空自由翱翔了！但是每次沒飛多久，就發現有人在後面追我，我拚命逃，最後總是被抓住又往下墜。那個夢可能映現了當時的心理狀態，我想掙脫現狀，逃去如飛，偏偏注定要跌落。後來我再也沒做過這個夢，因為不再憂鬱，對未來有想像期許，不需要逃離了。

然而在走出黑暗期之前，差不多將近三年，我的生活都猶如那反覆的惡夢。憂鬱症不可能在短期就痊癒，除了跟醫師、媽媽傾訴，我也會寫 email 跟住在台灣的爸爸討論。我們家的親子關係向來很好，就算如此私密負面的情緒也都會很坦誠地說出，毫不隱瞞保留。從小，父母親的教育有一點特別成功：他們很了解孩子，從來不會勉強我和兩個妹妹成為怎樣的人。他們很有智慧，給我們很大的選擇空間，而不會逼我們變成他們想要的樣子，不會把孩子當私產來榮耀自己。

由於我個性太剛烈，和爸媽吵嘴是家常事，他們總把我當大人般溝通，但有時候媽媽說服不了我，會說：「好啦，隨你啦，你最會講，反正怎麼都吵不過你。」這點讓我在二十幾歲時想通一件事，如果我無法達成目標，不是因為說服不了別人，而是因為天生善辯的我，表面占了上風結果卻失去情誼，我的失敗是人際關係，辯贏對方並不會解決問題，最後一拍兩散，大家都輸了。

當然，年輕陰沉的歲月不懂這些。有一天特別心煩意亂，在給爸爸的信上寫了很多絕望的言詞，翻來覆去就是覺得自己走投無路、我的生命和他人的生命都沒有意義、恨自己和所有人、巴不得全世界人類死光光……倒也沒有真的想做什麼事，純粹以文字發洩一番而已。結果收到 email 的爸爸很擔心，唯恐我做出什麼不可收拾的瘋狂行為，就把信轉給醫師，問他該怎麼處理。

接著，媽媽又在固定時間開車載我去醫院。我們一走進去，看到醫師臉色很凝重，和平常不太一樣，我隱隱覺得不安但也沒想太多。醫師要我坐下，把列印出的一張紙遞給我看，「這是你寫的嗎？」一看是我寄給爸爸的 email，就不假思索地說是我寫的，媽媽在旁邊也一頭霧水的樣子。醫師解釋說：「因為你威脅別人的生命，造成別人潛在的危險，而且有足以當證據的文字，剛才也親口承認是你寫的了，依加拿大的法律規定必須把你留院察看。」

彷彿拍電影一樣，時間算得剛剛好，他話音剛落，門口就來了兩名魁梧大漢。醫師接著說：「你暫時不能離開醫院，我們會觀察一陣子再做評估。」

我整個人呆住了，現在是什麼狀況？我被逮捕了？我闖了什麼禍要讓警察來抓我去關監牢？腦中嗡嗡嗡響，完全不知道該怎麼辦，我不是來諮詢心理醫療嗎？等下不就馬上要回學校了？怎麼忽然變成犯人？媽媽也愣在一旁，因為她並不知道爸爸把信轉寄給醫師。

・媽媽不要走，我好怕……

後來我才搞懂來龍去脈，美國一九九九年發生科倫拜高中校園槍擊案，兩名青少年學生拿槍械殺了十二名學生和一名教師，然後自殺身亡，引起大眾對於校園安危和青少年心理的關注。所以醫師立即有警覺，怕我也會走上這條毀滅的路，而住院只是要察看我，並非押我去坐牢，來帶我的兩人也不是警察而是保全人員，但當時真的嚇壞了，所以把狀況想得很可怕。

還在震驚中的我，整個人像被黏在座位上，目瞪口呆、動彈不得，直到聽見醫師問我要選擇「the easy way or the hard way」（意思是乖乖地跟著保全走，或者他們會用強制手段），想到反抗會被電擊等等很戲劇的情節，趕緊很識相地默默跟著兩名保全走。

保全帶著我和媽媽走到一棟樓裡，有一條長廊通往公共活動空間，旁邊是一人一間的觀察室。保全給我一件病人服，我愣愣地去公廁換上。媽媽在外面等著我，她走過來握著我的手帶我低頭禱告，那時她雖然還不是基督徒，但從小去主日學，所以她相信主的存在。我心裡亂成一團，根本記不清媽媽的禱詞，只聽見最後她說明天會再來看我，但我要住在這裡幾天。我開始哭了起來，很慌張地說：「媽媽不要走，我好怕。」媽媽也很捨不得地哭紅了眼睛，但保全示意她必須離開了。

我只能拖著沉重的步伐，遊魂似的走進其中一個房間。身邊的東西包括眼鏡都被拿走，只能透過朦朦朧朧的視線打量這個牢籠，還好不是電影裡那樣骯髒可怕的樣子，整間大概五、六坪，中間放了一張床，三面是牆壁，有一面透光的玻璃可看到長廊，向戶外的那面牆上有一個小窗戶，圍著鐵欄杆，並有安裝冷氣，另一邊角落有攝影機以便院方觀察。儘管已經嚇到掉不出眼淚了，但那裡的所有細節仍歷歷在目、永生難忘。

・一切絕非 game over!

一切發生得太快，在沒來得及思考時，夜晚已降臨，剩下我一人在房間裡。我開始想著自己怎麼會這麼糟糕？淪落此境遇的人不多吧？我居然是其中之一！難怪囚犯會想自殺，因為他們可能無法想像怎麼會落到這番田地，覺得自己不該在牢裡度過餘生。但冷靜下來想想，毀滅都不是忽然發生的，一切有跡可循，過程很緩慢，只是最終眼睜睜地看著崩塌是一瞬間。就像一家公司倒閉，可能是早就埋下原因、做了不正確的決策，但真正破產好像發生在一個禮拜內。從很久以前，我就一步步往精神病房走來，真正關進來時才驚覺回頭已來不及了，冰凍三尺非一日之寒，只能接受一切事實，無法做出反應，沒有能力控制。

像是忽然被推落入谷底，或許有一時半刻很氣爸爸把信轉給醫師，可能有點被背叛的感覺，但馬上滿腦子只剩下「我完蛋了，我的餘生就關在精神病院裡」，毫無餘力思考別的……

人生真的很奇妙，三十多年前充滿戲劇性的那天，所有周遭的人事物都像平常一樣，空氣中瀰漫的氛圍也一如以往的乏味寂寥，我毫無特別的感應，仍然例行地起床、吃飯、在電腦下載 MP3 和 ICQ，然後等著媽媽開車來載我去醫院。殊不知生命即將開啟一段巨大的轉折，當時我真的不知所措，以為萬力豪的一生就這樣完蛋了！ game over ?! 憂鬱症不只是心牢，甚至要把我打入真真實實的囚籠！其實，恐懼和絕望只是暫時吞噬了我，但絕非盡頭，不是結束，美麗的劇情才剛要超展開。

\ 管他的，先來杯咖啡吧 / 心的練習題

◤ 遇到突發狀況時，你第一步會做的事是什麼？為什麼？

◤ 你有一個人獨處的能力嗎？為什麼有？又為什麼沒有？

希望往往發生在盡頭

睡到半夜突然醒過來，感覺可以順暢呼吸，還能穿過盡頭、看到前方的光亮，意識漸漸變清晰：我是一個自由的人，和周圍環境無關聯，被一種平穩冷靜的安全感包圍，本來焦慮絕望的情緒統統不見了。

· 在瘋人院下棋？

前幾年帶著太太和孩子去加拿大那家我住過的醫院外拍照留念，看著這棟建築物，想到當年那個高中生所接受的震撼和轉變，心中充滿感恩。現在我擁有妻子、小孩，過著美好的生活，都是由於神的幫助和引導，如果沒有神，我就只是一個憤怒的怪胎，甚至可能是到現在還關在那裡的病人。

成為牧者服事神、跟隨神是很辛苦的，每次碰到挫敗時，就會想起在病房的一幕幕情景和帶著家人去「朝聖」的畫面，只要想到神為我做的一切，沒有什麼是我不願意為神去做的，因為我的生命就是神賜予的，所以我要用盡所有的能力去幫助、去愛更多人。

回想住進精神病房第一天，好不容易迷迷糊糊睡著，醒來時多希望一切只是場惡夢，但揉揉眼睛、集中精神，這不是做夢，我還在病房裡。雖然這裡只是接受觀察，房門也沒有鎖住，我可以自由進出，但畢竟不能回學校。後來有人來詢問我的狀況，並告知可以去公共區域和其他人聊天。

走過長廊，站在交誼廳裡恍神發呆，只見一個三、四十歲的男人對我招招手說：「嘿，小孩，來這裡，我們來下西洋棋。」

也好，反正很無聊就走向他，以為會擺上棋盤棋子，結果他拿出一塊軟橡皮，隨手剁成一小塊一小塊的，說：「來，這是你的棋，這是我的棋。」明明每塊都胡亂掰的，怎麼能看出是什麼棋、誰的棋？他卻煞有介事地開始擺放棋子，研究戰略似的皺眉思索。

我看看他，再看著那些小橡皮塊，心中警鈴大響：原來我真的在瘋人院！我是個瘋子？我和這個人關在一起，未來也會變成這樣，永遠不會好了，永遠不會被放出去，跟他天天下橡皮棋！

‧出人意外的平安，誰也不能奪走

心裡又慌又沮喪，周圍都是病人或護理人員，好像打了藍色的暈光，滿溢著憂傷與悲愁。我很不安，全身上下不舒服，腦子裡一團紛亂雜沓，不想再和其他人互動。第二天晚上，吃完晚餐沒多久、大概八九點時，我早早就躺上床睡覺。平常即使翻來覆去睡不穩，多半也勉強賴到天亮，但那天睡到半夜突然醒過來，感覺可以順暢呼吸，還能穿過盡頭、看到前方的光亮，意識漸漸變清晰：我是一個自由的人，和周圍環境無關聯，被一種平穩冷靜的安全感包圍，本來焦慮絕望的情緒通通不見了。

第一次感受到以前在教會聽說的「出人意外的平安」，這不是誰賜給你的，也不是你得到什麼東西，所以沒有誰能奪走，不管發生什麼事，這種平安都在你裡面。

外在環境沒有任何改變，仍然躺在那張冷清清的床上，也沒有人來通知明天我可以出院，但不再糾結苦悶，並突然深刻感覺到神是真實的，而且就在我裡面。以前我雖然相信耶穌是真實存在的，但好像跟我沒有親近的關係，只知道不能做壞事、有一天死掉會去見祂，但祂始終很遙遠。可是那個夜晚不一樣了，打個比喻很像《綠野仙蹤》那部電影所描寫，原本影片是黑白的，象徵悲慘人間，但到了仙境，影片忽然變成彩色的，黃磚道帶領著通往魔法王國……病房當然沒有變成仙境，也沒有巫師、仙女，但內在心底的感受就像忽然飛到仙境般喜悅。我當時真的感受到聖靈的同在以及神給的平安，然後聽到一個聲音在耳邊溫柔地反覆安慰著我：It's gonna be ok…It's gonna be ok…所有事發生得很突然，我沒有做任何決定或練寶典祕笈，唯一的解釋是在宿舍床板用麥克筆寫下的呼救禱告，神在此時回應了。

・相信神不會虧待你

憂鬱症患者的內心死去了，如同一朵花被連根拔起，被拔離土地時已經死掉了，因為根已斷了，只是看起來還活著，過幾天死亡才會彰顯出來，開始凋謝枯萎。人離開神其實也是如此，當下就死了，走在行屍走肉的行列。而耶穌說祂來不是讓你壞的變成好的，基督徒的見證不是從以前那個壞蛋變成現在的好人。而是以前感覺裡面已死去，沒有活著的目的，只是存活著，完全不知道生命的價值和源頭，認識神以後才感受到什麼是生命力。

如果有人問：「你會不會擔心憂鬱症復發？」以前我都說不會，神已經醫治好了，我現在過得很開心。有一次我又這樣斬釘截鐵地表示時，內在忽然有個聲音提醒我不要這樣回答，因為這表示我把信心放在已經發生的事情，而不是真正跟隨神。所以後來我會說，因為祂在我生命中做過這樣的醫治，所以即使以後又面對險阻障礙，我相信祂也都會幫助我。我無法控制也不能預知未來的生命遭遇，當然也不能說憂鬱症一定不會復發，但我能確定的是這位神很愛我，這位神拯救了我，這都是永不改變的事實，所以發生什麼事我都不會害怕，因為我全心信靠神。

有人經驗到了神的祝福，但後來又遇到挫敗、悲傷的遭遇或產生負面的思想，就開始懷疑神的存在。因為他們把信心建立在過去曾經得著的好處，譬如身體康復、賺到金錢等等，所以再度生病或財富敗光了就失去盼望。我認為真正的信仰，是不管遇到什麼困難，都相信神不會虧待你，你都能跟隨著祂的帶領尋得平安喜樂。每個人遇到的挫敗都不同，不是非要和我一樣的經歷才代表被治癒，神可能用各種方式接手，我唯一確定的是祂愛所有人，所以祂一定也會扶助你，只要你堅信不移。

・並非全劇終，不要輕言放棄

西方文學常提到 dark night of the soul，意思是陷入絕望，就像走進山洞最幽深黑暗處，覺得靈魂困在永夜。但所有故事中的主角都在此時有所發覺與領悟，譬如約拿被吞到魚肚中，卻得到啟示；大衛進山洞中本來要殺掃羅，但轉念要做正直的人，不可殺掃羅王。我住進病院彷彿走到看不到一絲絲光的所在，沒想到卻帶著新的看法、理解、認知出院——深刻地感覺我是被愛的、我是有價值的、神和我緊緊連結，祂願意造訪我、親近我、拯救我，這就是我得著的禮物。我得以重新認識自己，並開始去教會、閱讀聖經，更虔誠地與神建立關係。

黑暗期就像是掉進流沙，人越想掙扎越往下陷，如果一味地按照自己的錯誤觀念執迷不悟，可能到頭來只能選擇放棄。不要早早判定已經走到死蔭幽谷，期盼就在前方等你，希望與美麗往往發生在盡頭。當你認為一切結束、完蛋了，生命可能還有很多篇章，這個盡頭可能只是其中一章的結尾，並非全劇終。永遠不要輕言放棄，要相信後面還有很多精采的故事，就像每個篇章結尾總充滿懸疑與驚險，這樣你才會重新去思考，並勇敢翻到下一篇。

・重新再活一次

神蹟之夜的第二天媽媽來看我，我很開心地跟她講起這段經驗。她問大概是幾點發生的，我說應該是半夜，媽媽很驚訝，因為差不多的時間點她正好拜託教會的牧師及弟兄姊妹幫我禱告。聽了媽媽的話，更確定這是我被神醫治的真實見證。

之後在醫院裡我很放鬆，還想起一支很喜歡的曲棍球隊，打算找機會查一查他們有沒有打贏比賽，然後發現：啊，我怎麼會關心這個，而不再是一切都無所謂了？接著我被移到一般病房，不必再接受觀察，堂妹來探望我時還走到外面園區散步，整個人的狀態變得很平穩。再過幾天，醫生決定讓我出院。之後我仍定期回診並繼續服藥，大概過了半年以上的觀察期，狀況都很穩定，醫生就慢慢把藥物減量，再過一陣子就確定可以停藥了。

回到學校，沒有人問我去哪，只說：「喔，Peter 你回來了。」我問同學這幾天漏掉的課程，開始計畫要追上進度。回到房間，電腦還開著，離開前在下載 MP3 和 ICQ，這麼多天早已下載完畢，唯一的不同是 ICQ 裡多了一些未讀訊息。

同學都不知道我的經歷，但我變得開朗有活力，越來越多人願意親近我。好友 Joon 也發現我變得不一樣了，我沒特別找他道歉或說明這段時間發生的事，但他很自然地又和我常常互動。直到大學時，我們雖不同校但仍保持聯繫，有一次聊天，他說：「Peter，你高中時好暴力好奇怪，我很怕你，才會說不要和你做朋友。可是後來我也忘了從什麼時候，你個性改變了很多，而且是變好了。」

世界不會因為我改變，地球繼續運轉，現實生活依舊如往常。沒有人特別來對我說什麼做什麼，只有我自己知道當年接受了多大的衝擊，回到同一個地方，但我已不是同樣的那個人。從此整個方向大轉折，雖然不是立即康復變成完美的陽光男孩，但原本是鑽進更黑暗的方向，自從經歷奇蹟的夜晚，一百八十度轉為走向相反的光亮處。從充滿恐懼的童年微光暗室，到狂暴幽閉的青春期，終於找尋到出口，信念越來越堅強，神賜予我新生命，讓我能重新活一次，另一個我開始重生。

\ 管他的，先來杯咖啡吧 / 心的練習題

「出人意外的平安」不是誰賜給你的，也不是你得到什麼東西，誰也不能奪走，因為這種平安在你心裡面。
你可以想起最近一次的「平安感覺」嗎？

有人經驗到神的祝福，但後來又遇到挫折、悲傷的遭遇或產生負面的思想，就開始懷疑神的存在。你也有這種經驗嗎？

你如何建立你的信心？

寫一封鼓勵的信給自己。

Chapter 3

接納

以賽亞書 54：4

不要懼怕，因你必不致蒙羞；

也不要抱愧，因你必不致受辱。

你必忘記幼年的羞愧，

不再記念你寡居的羞辱。

羞恥感來自比較

你是不是也有時會覺得少了什麼或有些與眾不同的地方？沒辦法很具體描繪，但就是覺得別人都很好，自己卻有問題？

・老天啊我連影子都比別人醜

有一次去修剪頭髮，造型師很讚嘆地說我的頭髮真好。當場有些驚訝，第一次發現年輕時代被我嫌棄的頭髮居然是種優勢！造型師接著說：「你不知道有多少男人羨慕像你這種濃密、不會禿頭的髮質。」

我打心底泛起微笑——被稱讚的頭髮，在國中時是我最不喜歡自己外表的原因之一啊。當時很討厭照鏡子，不想看到鏡中那個醜醜的傢伙，沒有一個地方好看，尤其鼻孔太大是第一大缺點，在外面要是經過鏡面物體或大樓的玻璃牆，我立刻會反射性地刻意閃避；第二大缺點就是髮型很糟，九〇年代大家喜歡留中分頭，最佳典範是明星郭富城那種柔柔順順飛散在耳畔、充滿溫柔又不羈的氣質……偏偏我的頭髮微鬈又粗硬，完全不適合男神髮型。有一回和同學在操場跑步，正好太陽斜射，光線清楚地映照出地上兩個人影，我看到自己的影子像個枝葉僨張的鳳梨頭，再看看旁邊同學的剪影多飄逸！老天，我連影子都比別人醜。

對自我形象否定連帶影響跟別人建立關係，因為充滿自卑感會讓我隨時想保持距離、以策安全，甚至很不成熟地顯露憤怒。那也是青春期的小插曲，一位朋友很會彈琴，他當著眾人面前露了一手，在大家的鼓掌聲中，我忽然一把火上來，氣呼呼地把鋼琴蓋用盡全力闔上。所有人都愣住，場面好尷尬，朋友一頭霧水，八成猜想 Peter 有暴力傾向，其實說穿了我就是惱羞成怒。

鋼琴彈得不好只代表我沒有此項天賦，並沒有被責罵或嘲笑，但與別人比較就產生了傷害與羞恥，正如同影子一樣，你沒辦法逃離，只要有光線就會看到影子。就算換了朋友、換了工作、換了情人，羞恥感都不會改變，這種內在缺乏的破碎如影隨形，怎麼跑它都緊緊黏著，不會因為跑很快影子就追不上來，除非躲在陰暗處，永遠不要見光。

· 羞恥感埋在我們的心裡

這種源自比較所產生的羞恥感，從聖經來理解，就像亞當、夏娃發現自己赤裸時，拿著葉子遮住與對方不一樣的地方。因為看到我有這個你沒有，或者是你有的我沒有，就衍生出羞恥感，把相異的部位藏起來。你是不是也有時會覺得少了什麼或有些與眾不同的地方？沒辦法很具體描繪，但就是覺得別人都很好，自己卻有問題？

透過比較，突顯出內在的空洞，是一種很抽象的心理，我們不認識自己、不接受自己，感覺自己本身有很多缺失，要全部小心翼翼地藏匿起來，才不會被別人看見，但羞恥像是一顆埋在土裡的種子，不但不會消失，反而會發芽、成長、壯大，並結出果子。以為自己藏得很好，但那些結實纍纍的果子根本一目了然。譬如說有些人刻意貶低批評別人，那些酸言酸語就是果子，旁人就算不知道真正的問題點，也很明顯看出他們只是用攻擊來掩飾羞恥與不安。

很奇妙的是，羞恥感不需要旁人提醒。可能的確有些父母師長會藉由比較來激勵小孩，故意將羞恥心當作競爭動力。但以個人的經驗來說，都是我自己深植內心的，誰也不用多說一句話，因為大妹 Dinah 從小就是一個鮮明無比的對照版，時時提醒我有多麼差勁。

Dinah 小我不到一歲，媽媽打算讓小孩多方面嘗試接觸，培養一些嗜好，找了一位家教來教我們兄妹倆彈鋼琴。Dinah 屬於天才型，她的手指特別纖細修長，又有絕對音感，但是她沒有很大的興趣，表示不想學了，家教老師甚至求媽媽一定要說服大妹走這條路，否則埋沒了未來鋼琴界大放異彩的演奏家。我則是彈得一塌糊塗，長大後家人閒聊天時媽媽開玩笑說「等於把錢丟到馬桶沖掉了」，但她從來不覺得我不如 Dinah，也絕不會逼孩子學會各種才藝，或對孩子的未來下指導棋。

Dinah 最後選擇放棄當鋼琴家，現在她是同樣需要靈巧雙手與高度天分的外科醫生。在我眼中，她從小到大就是如此聰明傑出、才華洋溢、乖巧聽話、漂亮討喜，但我不會嫉妒她，她也不會譏諷我或故意炫耀來打壓我這個不優的哥哥。爸媽更是從來不會偏愛她，相反地，只會花更多心思在我身上。我們的關係一直很好，我很疼愛這個妹妹，從來不會想把她拉下來，對她沒有敵意，但滿心想要變得跟她一樣優秀，不幸的是再怎麼努力也做不到，心底深處有個聲音總在反覆地說：「Peter，你真的不行，差 Dinah 遠遠一大截，永遠別想追上。」

在美國學校念書時就更明顯了，辦舞會或特殊節日她總會收到花，我則向來沒有女生理；別人會問我「你是不是 Dinah 的哥哥」，從來沒有人問她是不是 Peter 的妹妹。相形見絀的心情藏得很隱密，但騙不了自己，自卑使我不接納自己的缺點，看不到自己的優點，連帶影響我和別人接觸時，很難相信別人會真心愛我，總覺得別人和我親近只因為他們不了解我，如果他們看穿我的真面目就不會喜歡我了。

‧ 找到自我價值，接納自己

內心的自我介紹詞就是簡單三個字：「很差勁」，我老在做比較、想追上別人，追不上就覺得很失敗。社會長久以來賦予兩性的任務或刻板印象，造成男人通常不怕辛苦地證明自我，但不願玩一場贏不了的遊戲。就像打電玩過不了某關卡，不願承認是自己技藝不精，卻怪罪遊戲程式設計有bug，然後拒絕玩下去。嘗試過幾次沒有進步、沒有成就感，覺得再努力也無用，乾脆自暴自棄。更糟的是，也不去往別的方向發展，就認定自己是人生失敗組。

有句名言說：「如果你要一條魚去學會爬樹，牠將終其一生覺得自己是個笨蛋。」每個人都有強項，如果始終專注在不擅長的地方，一味悶著頭地往錯誤的方向鑽，可想而知不會有好表現。

我們都會經歷了解自我的過程，因為了解而能有成長，如果你正陷入沉溺在因比較而羞恥的心情裡，不妨停下來問問自己：「你累了嗎？」那種比較心彷彿是毒品，當你覺得比別人強，腦內啡分泌嘗到high的滋味，就會一直比下去，但永遠比不完。正如你不決心戒毒，對毒品癮頭的渴望永遠沒有滿足的一天，你只會想要更多；追求金錢權力也一樣，不是只要到一個數字或某種程度就夠了，即便到達那個數字或程度，只會讓你有更龐大的野心、更貪婪的胃口。用整形來做比喻也很貼切，一開始可能想著只要把鼻子墊高零點二公分就好了，但是弄好了就滿意了嗎？很可能接著又想再割雙眼皮、下巴也調整一下，再削削骨、抽抽脂……追逐的目標一步步挪動，永遠嫌棄自己不夠完美，比不上某某某，難怪有人說整形是一條不歸路。

經過漫長時間的學習，我才從信仰中找到自我價值，並接納自己的一切。當然，還是忍不住會有比較的心態，但轉變為積極的面向。譬如說我有時很急性子，總覺得教會發展得不夠快，但速度是相對的，其實效率高是我的強項，不必太苛求；另外像是參考國外各個教會怎麼運作或財務投資，也讓我進步很多。當我有了這樣的領悟，就不會再陷入因比較而產生的負面情緒中。

人生沒有信仰就失去了意義，透過神，我認識、接納自己，並了解自己的價值。我相信，在這個世界上，只有意外成為父母的人，但沒有意外的孩子，沒有人是不該來到世界上的。每個孩子都是神創造的、神所愛的，每個人都是很寶貴的，不需要有任何作為，一出生就有其價值。

＼管他的，先來杯咖啡吧／ **心的練習題**

◤ 照一照鏡子，看看自己的臉，你發現了什麼？

◤ 如果讓你跟一位新朋友做自我介紹，你會怎麼介紹自己？

需要被看見，但不想被看穿

每個人可能都有難以言喻的「地雷」，那是別人無法理解的。看不到不代表傷口不存在，也不代表不會痛，有時候隱藏著更危險，因為不知道何時會被別人無意間戳中。

・命中注定的她，踩到了我的地雷……

告別青春期準備進大學的那年暑假，我的心情輕鬆歡愉、充滿期待，自認為不會再憂鬱並克服了羞恥感，雖然仍有部分強迫症的病徵，但不會影響生活和人際關係。自我感覺一切都很OK，想著成為新鮮人一定要談戀愛，相信能遇到一個可愛的女孩，我們有共同的信仰、默契，一起迎向未來……

正在編織著美夢時，忽然感覺到神溫柔地說：「Peter，接下來五年專心學習與我建立關係，先不要和任何人交往。」那是在禱告時接收到的一個很清楚的指示，和原本的計畫大不相同，但我不可能違逆神的話語。也許我不夠幸運，碰不到適合的人吧？於是轉而給自己設立種種目標，並更篤定大學畢業後要進神學院，總之五年內不可以交女朋友。

結果命運很妙，才剛上大一就認識了未來的妻子 Peggy。她是個溫暖樂觀、個性特別的陽光女孩，我們很快就互相有好感，但她知道我與神的五年之約，所以兩人始終保持朋友以上、戀人未滿。這對二十幾歲的年輕人並不容易，現在回想起來，如果我懷疑神的聲音，立刻和她交往，可能有 99.9% 的機率很快就分手了，因為我的內心世界還有太多問題，兩人也都不夠成熟，她是對的人，但重點不只是找到她，而是要留住她。找到是簡單的一步，留住才是最艱難的一步，神一定知道我還沒準備好，如果匆匆成為情侶，可惜了這段感情，需要花時間心力去經營，我們之間才會更堅定穩固，這不是命中注定，而是兩個人不斷努力學習相愛的結果。

就這樣，我和 Peggy 當了五年的好麻吉。雖然有時候我很彆扭，明明沒理由囉嗦，她和別人出去玩仍忍不住酸溜溜地抱怨兩句，她並非去約會，但我心裡很不是滋味，怕她接受別人的追求、怕她會不會哪天不喜歡我了……莫名其妙的不安全感其實挺煩人，但 Peggy 都沒有因此生氣。隨著日子一天天過去，我越來越確定想和她在一起，滿心期待著完成五年之約，可以和她正式交往。

相處的日子多半很融洽，沒有戲劇性情節發生，Peggy 知道我有強迫症、從小是過動兒，但一整段過程我始終沒詳細跟她說過。我以為病好了，不必再提起舊事，其實是怕她知道會無法接受，或對我有不同的態度。那道傷疤根本還深深烙印在心頭，沒有完全結痂，我只是不想面對，更不想和她或任何人分享，直到那次情緒失控。

當天我並沒有做什麼特殊行為，只是和 Peggy 講到一個想法。Peggy 聽了微微皺眉，無意間脫口而出：「Peter，你實在很怪（weird）。」一聽到 weird 這個字，我忽然理智線斷掉，大發雷霆咆哮說：「不要說我怪！停止這樣說我！我不喜歡別人這樣說我！」Peggy 嚇一跳，她只是針對我的想法提出感覺，沒想到我反應這麼激動。

事後我忍不住落淚，心裡很驚慌，察覺到自己的反常。在她說出 weird 那個字的一剎那，時間似乎突然靜止了，那一兩秒鐘內跑馬燈般播放出所有人（包含自己）的批判，腦中的畫面如此難堪，大家盯著我，一隻隻手指著我的臉，異口同聲地說：「你有毛病、你好怪、你是個怪胎……」情緒瞬間爆發出來，敏感到歇斯底里，說穿了是因為沒辦法接受自己真的很怪，即使已經成年、已經有信仰，卻仍無法完全和自己和解，彷彿有什麼見不得人的祕密藏在心底，突然被掀開被看透透，猝不及防就崩潰了。

・傷口會痛，表示還沒有痊癒

每個人可能都有難以言喻的「地雷」，那是別人無法理解的。不知道你有沒有這種經驗——朋友去度假回來，很開心地問他玩得怎麼樣？尤其關係夠親密的，可能會摟抱或拍打他一下。沒想到朋友竟大聲叫嚷：「喂！不要碰！很痛！」他可能度假期間曬傷了，衣服覆蓋下看不出來，你很抱歉弄痛他，但傷害已造成。

看不到不代表傷口不存在，也不代表不會痛，有時候隱藏著更危險，因為不知道何時會被別人無意間戳中。

不妨想想自己有什麼特別怕人提起的心事？有沒有什麼忌諱被人看穿的點？萬一有人不小心揭開時，不要把焦點放在對方身上，不要怨怪他戳你的死穴，他可能只是好意詢問，就像朋友度假曬傷被你打到，並不是你故意要弄痛他。

傷口會痛，提醒了你還沒痊癒，不要以為蓋住就沒關係了，其實怕被人發現足以代表是揮不去的羞恥感。問題是我們一方面很想被看見，渴望被注意、喜歡、接納，才能確知自己存在的重要性；但偏偏另一方面又很怕被看穿，因為內心有個大洞，這個洞很不對勁、醜陋而難以啟齒，如果被看穿，別人一定會很嫌惡，那是多麼悲傷的事。於是下意識把洞掩蓋住，然後安慰自己已經沒事了。事實上，形同把小魔鬼埋藏在地下室，誤以為它無法作怪，結果它不但沒有慢慢消失，反而在地下室默默練舉重，越練越壯，伺機而動，等待有人不小心把地下室的門鎖打開，一股腦衝出來做出很嚇人的舉動，它已醞釀很久很久，成為難以抵擋的大魔王了。

趁小魔鬼還沒壯大的時候趕緊處理，絕對比它變成大魔王再傷腦筋來得好。第一，想清楚痛點到底在哪裡，要容許自己不完美，容許自己的各種問題，不要裝堅強、忽視傷痛，有病識感才會去醫治，不要自欺欺人。第二，真實面對生命，勇敢相信世界上有人會相信你包容你，不會因此批評論斷你。

・我不再被羞恥感困住了

前陣子無意間看到 Peggy 多年前寫給我的 email，竟然正巧就是針對當年她說我 weird 讓我火冒三丈的事。信上寫著：「抱歉我說你很怪，讓你感到很受傷，但我並非在批評你嘲笑你，你完全誤解了我的意思。別把 weird 想成是缺點，事實上，那反而是你最可愛最特別的地方。」

重溫當時一字一句的真誠言詞，對於能遇到如此了解我的妻子真的很感恩。因為對 Peggy 的信任，所以能放心向她傾訴坦露出所有破碎，很確定她絕不會鄙夷或逃跑，而是會幫助我度過。不是對每個人都可以掏心挖肺，要從彼此的關係來決定，但即使你認人不清，對方因此對你大扣分、排斥你，也不必太難過，那些因了解而離開的人，放手也罷。只要有堅定的信仰，你會明白神完全接納你，祂看穿你的所有面相後依然愛你，無須偽裝，無須恐懼。

對 Peggy 坦承而能被完全接納的過程，對我有很大的幫助。第一次感覺原來除了父母還有人可以接受我的真實面，原來我雖然古怪但也是個滿可愛的人，她即使看到我的脆弱依然喜歡我。我想更進一步被她認識，不害怕告訴她自幼累積的傷痕，我希望被她發現我的所有優缺點，不願跟她相處時還要當雙面人。很幸運的，Peggy 對我也是同樣的感覺。所以在我崩潰當下，她雖然又驚又怒，但知道我一定有什麼難以啟齒的心結，而能夠體諒我，樂意聆聽我的黑歷史，繼續做我最知心的好友。

五年後，終於完成對神的許諾，那時我們一起進神學院一年了，我想時機已到，很有信心地問 Peggy 願不願意當我女友。她一聽，笑著說：「在我回答你之前，我想要你知道一件事。」我心想完蛋了，難道要被打槍？沒想到她說：「認識沒多久時，我曾經不想做你的朋友，不想五年後聽你說這句話，反正就是受夠你了。但我沒有離開你，因為我了解你，我決定要努力學習怎麼愛你。」

不論婚姻或愛情，最重要的是要一直學習如何以伴侶想要的方式相愛，讓彼此願意停留守候。妻子的愛讓我發現原來我值得，不是因為我有什麼了不起的成就或表現得完美無缺，而是我這個人本身值得被愛，她沒有因為五年之約或我的脾氣古怪就放棄。愛的力量與對神的信仰，讓我一步步接納自己，不再被羞恥感困住，不怕被人看穿。而讓我遇到 Peggy，跟她結為夫妻，一路攜手走人生路，是神給的祝福。

\ 管他的，先來杯咖啡吧 / **心的練習題**

你有什麼特別怕別人提起的事？有沒有忌諱被別人看穿的點？試著列出一張「介意清單」。

接納自己的全部

如果你始終無法接納自己，對自我認知充滿過往既定印象，總嫌自己有問題、有破洞，不值得被人愛……建議你先去探索這個聲音從哪裡來？

・花時間與自己和解

從童年強迫症到青春期罹患憂鬱症，這段黑暗史一直是我心底最大的傷口。即使在精神病房遇到神蹟之夜後慢慢邁向光明，虔誠的信仰給予我很大的力量，但直到快三十歲時，才能坦然和所有人分享這段故事。

以前覺得自己已經痊癒了，過往的病情說出來也沒有意義，但其實內心仍隱隱覺得「曾經身為病人」是一個不願意被人揭開的祕密。隨著各種學習和經歷變得更成熟，才逐漸體悟到這段過去是自己的一部分，不需要去否定迴避，更何況到現在還是有些「堅持」的病徵，像是髒碗盤沒洗乾淨前，我就沒辦法安心吃飯；各種飲料要搭配適合的器皿……諸如此類我都可以很輕鬆地笑著說，代表我接受自己的全部，包括優點與缺點、美好與瑕疵。

努力與自己和解的這段過程必須花費很多時間，有時候別人會意外地給予我靈感，尤其當了牧者後，跟很多人談起他們的心結時，常會頓時發覺別人的問題像一面鏡子，反映出自己相同的問題。困境在自己身上時，很難用客觀正確的角度去思考，但發生在別人身上，就可以提出很多中肯的建議和分析，這對我大有助益，因為除了幫助對方，也同時可以套用在自己身上。很多難題得以解決都是思考的扭轉，只要態度和想法一改變，整個人就被釋放了。

另一個讓我變得樂於分享過往的原因，就是發現原本覺得很糟糕的毛病，換個角度看卻帶來好處。最明顯的是強迫症讓我想完成一件事就會努力克服沿途遇到的種種問題，恆毅力、執行力比較強，不會輕易放棄，即使很困難也會拚命去做好。現在的我有一些些成就，也正因為可以守住理想，持續固執地往前走。很多藝術家都有某種程度的強迫症，可能一點色彩或形狀不盡理想，非得修改成他們想要的樣子，而且不只是一、兩個地方，他們可能在乎的是一千個這樣小到一般人忽略的點，而正因為這些微小處讓他們與眾不同，所有小小的點讓他們成為藝術家。

・探索你為何無法接納自己

如果把人畫成一個光譜，我有很多部分靠近特殊的一端，但也有很多靠近普遍的一端，其實每個人不也都是如此？現在我出書，不怕把過往掙扎的過程全盤攤在陽光下，因為即使我曾經生病、曾經傷痕累累，但也因此有很多心得可以和大家交流。

神所創造的人類原本就有很多好的與不好的特點，認識神以後，才明白不是要做完美的人，而是要做完整的人，聖經中說的平安（peace），希伯來文是 shalom，意思不是說安然無恙，什麼事都沒有發生，而是指完整的生命，成為完整的人。基督徒所謂的重生，不是極端地從十惡不赦的壞蛋變成善良仁慈的聖賢，信主後我們仍會犯錯，但過往種種不再是你的全部，不再是你的羞恥，從今以後，你能學著接納自己，並跳脫出痛苦，往好的方向前進，成為新的人。

如果你始終無法接納自己，對自我認知充滿過往既定印象，總嫌自己有問題、有破洞，不值得被人愛……建議你先去探索這個聲音從哪裡來？我的經驗主要都來自於自己，自己跟自己的獨白是件危險的事，非常容易陷入一種顧影自憐的語言。小時候我常覺得自己是多餘的，存在感很低，就像一個數字 430.2 只會被記住小數點前的整數，而我就是小數點後那個多餘的、被忘掉的 0.2。事實上，從來沒有人用這些負面的理論指責我，全都是自說自話。

即使真的有些人有意無意灌輸不好的訊息，但無限循環播放在耳邊催眠你的仍是自己。要學習用不一樣的方式對自己講話，一定要有堅定正面的信念，內在聲音的分貝要夠強大，才不會被外在的雜音干擾。就像剛進電影院會聽到冷氣聲，但電影放映時就聽不到了，因為影片聲蓋掉雜音了。而信仰幫助我找到內在聲音，外在的雜音可能多多少少隱約入耳，但我不會被控制，不會被引往錯誤的方向。

・不是跑到終點，而是找到對的方向

接納自己的前提有兩個基本問題：一、你是誰？二、你的價值是什麼？你可能覺得自己很聰明，或有某項才華就是你的價值，但世界上有太多人比你更聰明更有才華，難道他們的價值就比你高嗎？而不夠聰明、沒有突出才華的人，價值就不如你嗎？價值等同於條件嗎？這個問題沒有標準答案，而在人類發展歷史裡，基督教創新的想法是：人是按照神的形象所創造，所以人的價值不是在於做了什麼，而是出生的那一剎那、還沒有做任何事就有價值！因為認識了創造我的權柄，與神建立了關係，而能了解我是神的孩子，一出生就有價值，跟我說了什麼、做了什麼、成就了什麼是無關的。

當然，探索這些問題需要很漫長的時間，學習接納自己的全部畢竟不是一件簡單的事情。但人生最重要的不是要盡快跑到終點，而是要找到對的方向，往通往成功的路上跑，往錯的方向跑或停滯不動才是失敗。處理過往的黑暗，並非立刻超脫一切，你問我還有沒有羞恥感？答案是肯定有，仍然覺得某些事情或許可以做得更周全、很多人比我更好……但這種掙扎不像以前那麼負面又劇烈，現在我可以忘記背後，努力往對的目標向前走，雖然還沒到達夢想的終點，但至少沒停在原地，我已經不是過去的我。

至於距離到終點中間這一整段過程還有多長？我不知道。我只確定《聖經・腓立比書》第一章第六節所說：「我深信那在你們心裡動了善工的，必成全這工，直到耶穌基督的日子。」是的，現在還沒有建造好，未來這個工一定會完成。

\ 管他的，先來杯咖啡吧 / 心的練習題

我接受自己的全部嗎？包括優點與缺點、美好與瑕疵。你明白「與自己和解」的意思嗎？

如果你始終無法接納自己，對自我認知充滿既定印象，嫌自己有問題，不值得被人愛……你清楚這些聲音從何而來嗎？

我們不是要做「完美的人」，而是要做「完整的人」。你明白其中的差別嗎？

接納自己的前提是先誠實回答兩個問題：你是誰？你的價值是什麼？

Chapter 4

超越

以弗所書 3:20

上帝能照著運行在我們心裡的大能充充足足地成就一切，超過我們所求所想的。

選擇真正想望的路

想法和別人不一樣，不代表是錯的，或許人生不是只有這一條直線走下去？這是我的人生，應該由我自己決定。

・我的人生，我自己決定

有些話會在一段時間後從心底發酵，產生很大的影響，只是當下沒有體悟。高中時，哲學老師曾問我以後想走哪條路，我不假思索地回答：「當醫生。」他顯出略微疑惑的表情，然後說：「Peter，你的思想和別人不太一樣，這是上天賦予你的禮物，不管以後做什麼，都要記得我這句話。」

我一直記得這句話，但上大學前對於未來的人生藍圖並未因此改變規劃，也就是依然很簡單地聽爸爸的話，朝著當醫生這個目標走。爸爸在醫院是資深主任級，他分析過醫生是一份穩定的工作，不論社會怎麼變遷、進步，始終都需要醫生這個職業。聽起來這個選擇沒什麼問題，兒子繼承父親的志業也非常理所當然。

但自從擺脫憂鬱症的低潮後，開始有較大的信心，對未來的想像隨著擴大。不知道自己的能力時，只會遵從別人的意見，爸爸說當醫生好，那就照著做，也沒有去想自己適不適合，或是不是真的嚮往當醫生。事實上，我對醫學的相關科目完全沒有興趣，理科是我分數最低的弱項，偏偏帶我看見世界的窗口、讓我真心沉醉的歷史和哲學卻又不知道有什麼出路。由於在加拿大醫學院屬於學士後教育，申請的人需要具有至少一個學士學位，所以我大一選讀生命科學系，預備畢業後申請醫學院。

後來，我想到高中哲學老師的鼓勵，或許可以有別的選擇？想法和別人不一樣，不代表是錯的，或許人生不是只有這一條直線走下去？這是我的人生，應該由我自己決定。

於是開始思考以後真的要當醫生嗎？受到神蹟之夜的感動，或許我可以成為牧師？小時候學著電影講美國總統的台詞，就是很喜歡扮演那種凝聚大家的角色，應該很適合往這方面發展，但有兩個原因讓我產生疑慮：第一、牧師好像收入不高，無法養家活口也不是辦法。我讀的是私立學校，同學家境都很好，多半繼承家族企業，沒有人想當牧師。第二、教會好像都很保守，所有相關的東西都古老又死板，這是教會裡招待的服裝給我的印象，他們總穿著很醜的背心，顏色搭配很鮮豔俗氣，只為了顯眼，讓教友看得出來是工作人員，完全沒有美感，但我覺得很不合理，要歡迎人的應該穿得很漂亮才對。年輕的我充滿成見，覺得牧師不但窮，還要天天在一個不開心的地方，周圍所有人也總是一副很悲傷的厭世臉！我雖然很愛神，知道神是真實的，可以服事祂幫助別人是很棒的，但是不能忍受這種環境。

・把生命還給神，請神使用

大一前的那個暑假，我照例回台灣。有個朋友帶我去參加特會，那是各個教會請國外牧師來講道或舉辦特殊的活動，讓不同教會或還沒信主的人一起來聚會。那次是在一個很大的體育館，我坐在後排離講台最遠的區域，台上的牧師講完道後說要呼召，意思是請在場人回應。他問：「你們當中有沒有人感覺神要你去服事祂，但你卻一直說不要？如果有，現在來台前，我為你們禱告。」全場有三、四千人，但在那一剎那，我覺得牧師彷彿在對我一個人講話，其他人都消失了。只有我看到的聚光燈直直打下來，映照在我臉上，我先是呆愣在座位上一直哭，然後邊哭邊跑下階梯衝到台上。我的內心吶喊著：我的生命是神救贖的，若不是因為那天神醫治我，我應該還關在醫院裡。生命是神給我的，我充滿感恩的心，我願意把生命還給神，祢要怎麼使用都好。

當天台上站了很多人，牧師朗聲禱告，我默默落淚。猜想多半人可能只是一時激情走上前，未必會付諸行動，但我不是情緒化反應，當我決定要做一件事情，很難有辦法說服我不要做。我很堅定要服事神，接著每每禱告時都會問：「神，這是不是祢要我做出改變？這是不是祢指引的方向？」我感覺到神的答覆都是肯定的。

下了決定立刻跟爸媽商量，不知道別人的父母如果聽到小孩要讀神學院，以後要當牧師會有什麼反應？我的爸媽是完全沒有阻止，雖然當時他們還不是基督徒，但採取很開放的態度，最主要的是他們看到我的生命因為信仰而有所改變，相信是神把我救回來，所以不會排斥我的選擇。他們只告訴我現實面的考慮，要我想清楚，因為當牧師收入低又很辛苦，而我已經成年，要對自己負責。

・了解過去，對未來才有大盼望

爸媽從小讓我們明確知道，只要還在讀書、還是學生身分，不管讀多貴的學校他們都會支持，所有學費他們都會負擔，並且可住家裡。但只要不是學生了，就要學習獨立生活，不能住在家裡，父母只養到你還在受教育時，出了社會就要找工作自立更生。所以當我開口跟父母講未來的夢想時，雖然跟原先計畫差距十萬八千里，但沒有任何猶豫或壓力，老實說我不是在問他們可不可以，只是在告知他們我的選擇。我也絕不是天馬行空做白日夢或想靠爸媽，就算他們不贊成，也會設法自己賺取學費。長久下來，累積了彼此信任的親子關係，我知道他們不會干涉過問我的人生，自然不必害怕和他們溝通，他們不會想控制孩子，只會關心、提醒並給予支持。

由於必須讀完大一才能改科系，所以除了醫學相關的課程，我打算副修心理學。可惜那堂課太熱門了，來不及報上名，我就拿著資料仔細研究，翻到有一堂課是猶太人學，介紹猶太人的歷史。我的眼睛亮起來，基督徒都知道基督教和猶太人的關係，耶穌的門徒都是猶太人，所以對猶太民族的歷史很有興趣，這正是我想要的。

猶太人是個很特別的民族，幾千年前他們的國度被摧毀了，所有人分散到世界各地，但這群人對身分認同始終極為強烈。這點和台灣差異很大，台灣是一群對身分很不明白的人，尤其早先幾年大家會區分外省、本省，好像對自己的根源很模糊。而不了解過去、不理解來源時，很難對自己的身分有認同；要對過去的遭遇有所解釋，對未來才會更大的盼望，以前所受的苦難也才值得。

我充滿期待上這堂課，結果教授真是令我大大折服，他根本是一部行走的百科全書！上課時他不太看著學生，總是邊走邊思考邊解釋歷史，他很有智慧又傾囊相授，讓我吸收到很多獨特的觀點。

第二年轉到宗教系，主修宗教、副修猶太人學，這幾年對我的幫助很大，宗教系的重點在解釋故事，讓我了解到為什麼不同歷史文化卻有類似的情節，更能深入故事的精髓，這些全是後來講道的養分。

畢業後，我申請美國的神學院，攻讀道學碩士。那時和 Peggy 還是好朋友的關係，在大學念教育的她決定也跟我申請同一所學校，主修基督教教育。就像 Peggy 的媽媽所說，她選擇去美國讀書，不是為了跟著我，而是為了自己的人生。我們的關係也就這樣越發緊密，一起堅定地走向未來。

\ 管他的，先來杯咖啡吧 / **心的練習題**

想法和別人不一樣，不代表是錯的，或許人生不是只有這一條直線走下去？你知道自己有和別人想法不一樣的地方嗎？

你認為真正的獨立是什麼？在獨立之前你會做哪些準備？

原來我可以做得到

我發現原來我可以做一些事，是本以為別人能做而我絕對做不到的；我以為自己很沒愛心、很膽怯，但當我實際參與後，才發現我沒那麼差，我的能力所承擔的超過自己想像。

・迎接另一個挑戰

準備踏上新生活的第一步！我開著車子從加拿大多倫多，一路前往美國奧克拉荷馬州，總共兩千多公里長征，開了三天才搖晃到目的地。

在神學院強調理論與實作並行，學期剛開始每個學生都要去找一個教會實習。本來我已經選好一個華人教會了，畢竟是同鄉，應該很容易融入……沒想到一場 BBQ 烤肉會改變了我的心意。

那是學校舉辦的聚會，學生們在校園裡烤肉，我認識了一位四十幾歲叫做 Greg 的白人同學。在一群較年輕的學生中，Greg 顯得格外與眾不同，氣宇軒昂的他非常健談，說他以前曾經是職業軍人，專門負責訓練新兵，就是那種常把 f 開頭的髒話當發語詞的大隊長。如此嚴格兇悍是為了要使每位新兵完全服從軍紀，把自我意識全部抹除，打造軍人角色的靈魂。在美國當軍人備受尊重，地位崇高，是很引以為傲的，難怪他整個人散發的氣質很突出。

Greg 會虔誠信神的原因也很特別，他的太太懷了女兒的初期，檢查發現不幸是子宮外孕，胚胎沒進入子宮內，可能會危及母體。眼看一天天過去都沒動靜，醫生準備要開刀，當然也保不住胎兒了，但他們夫妻很渴望這孩子的到來，萬般不捨。開刀前一天夜晚，他正在禱告，忽然聽到神清清楚楚地對他說：「你的孩子不會有事的。」他既興奮又不免充滿懷疑，想著是否自己產生了幻聽？第二天去醫院開刀前，就請醫生再做最後一次檢查，沒想到醫生說胚胎進入子宮，不需要開刀了！他當下堅信神是真實存在的，後來給女兒命名為 Faith（信仰），女兒的平安來臨讓他真正相信神。

和他閒聊時我想起實習的事，問起 Greg 準備選哪個教會，希望能有機會跟他一起實習。結果他已經是牧師，幾年前成立了自己的教會「Light of the World」，因為想接受更多訓練才會再回神學院進修。他的教會大約有八十至一百人，其中六、七十個都是遊民或低收入者，也就是社會上最低階的居民。

原來他是如此有大愛的牧者！讓我滿心尊敬，改稱呼他 Pastor Greg（Greg 牧師）。他繼續分享自己的觀察：全美國的遊民問題很嚴重，有些地方氣候很寒冷，流落街頭的人容易凍死，他們自然會往較溫暖的地方移動，紐約政府甚至會給遊民一張 one way bus ticket（單程車票）送去加州。而我們所在的奧克拉荷馬州塔爾薩市也屬於氣候較好的地方，所以很多公園或空地會被遊民占據，搭個帳篷就地紮營混吃等死，尤其在城北更多這種被稱作 Tent city 的區域，裡面住了很多精神病患、妓女、吸毒者，可以想見有多混亂。身為牧師的他，滿懷熱忱要改善這些人的生活。

・幫助別人？還是成就自我？

我出生在一個滿富裕的家庭裡，周圍同學的背景更是一個比一個顯赫，連中產階級都很少遇到。小時候不知道很多人付不起學費，更別說窮人的生活，根本是無法想像的世界。原來真的有這樣的人存在，並不是電影裡誇張的描述，有點慚愧地說，之前我對於遊民這個議題毫無概念，也沒什麼憐憫，總覺得沒人逼他們當流浪漢，應該是他們自己選擇這種生活吧。

Pastor Greg 還講起他很驚險的遭遇，那次他帶食物去 Tent city 分享，沒想到忽然有一個精神狀態不穩定的人拿刀攻擊他，威脅他離開，幸虧魔鬼班長出身的他沒在怕的！他很從容地化解了那場危機，事後也不會因此退縮。

他接著邀請我去看看 Light of the World 教會，於是禮拜天我跟他去參觀。那裡幾乎清一色是黑人或印第安人，我是唯一的亞洲人，經過仔細地觀察，感覺似乎百廢待舉，有很多事可以讓我挽起袖子好好發揮。一方面心中燃起一股熱血，覺得應該來這裡，一定能學習到很多，迎接生命中的大挑戰。而且一個人的熱忱會感染旁人，你可能原本對某件事某個領域毫無所知，但聽別人充滿高度熱愛，就會有興趣想深入了解。Pastor Greg 熱情洋溢的話語和態度感染了我，我很佩服他貢獻全副心力，做著無可取代的、有意義的事。我很想知道那是什麼滋味，以前從來沒做過一件事是幫助別人而非只想成就自我，本來要當醫生也不是充滿懸壺濟世的情懷，只覺得那是鐵飯碗。

但另一方面有點害怕，因為那是我一點也不懂、從未接觸過的領域。以前只覺得遊民很多有精神失調的狀況，常常向人要錢，不給他們甚至會被罵或吐口水；更可怕的是萬一又遇到那種要冒著生命危險的狀況，一定會嚇得逃跑都來不及，怎麼可能有勇氣撐下去？一堆大大的問號充滿腦海，再加上自覺沒這麼偉大，不像德蕾莎修女有那麼多愛可以分散給眾人，我的愛、勇氣和能力都遠遠不足夠，這麼嚴峻的考驗我好像做不來……

就這樣展開一番天人交戰，最後我想通了，不能只挑自己喜歡的簡單的任務，不管能不能做得來，總該先嘗試一下。我也想做有意義的事，畢竟我希望人生有價值，要過有價值的人生，重點在幫別人的生命加上價值，而不是只顧著自己的名利成就。別人可以因為我過得更好，開發他們的能力，那就是我的價值和我給別人的祝福。正如同建築設施不是掛個牌子就能稱為加油站，而是能供應一輛輛車子在此添滿油料再上路奔馳，這個地方才有加油站的實質意義。

· 比想像中更黑暗的現實面

於是我決定跟隨 Pastor Greg，從此他成為我的同學、老闆兼老師。期間見識到很多以往不可能接觸的人事物，像是聚會場地門外會看到一堆毒品或針筒，有時候竟然還有汽車零件，後來才知道可以打洞吸食裡面的氣體。還聽一位教友說起弟弟因為持有毒品被逮捕，法律規定持有分量越多判刑越重，好險他持有的量雖然很大，但警察來時他還沒分成一小包一小包。舉例來說，如果你持有一包一百克和同樣是一百克但分成一百包，刑罰會差很大。因為一包一百克，律師可以說你要「獨享」，罰得較輕；分成一百包就很明顯要販賣，判刑很重。

我也曾去醫院探訪遊民，印象很深刻的一次是個女子，她喃喃低語著：「我再也不要這樣了，我在等我孩子，我的孩子會來看我，我再也不吸毒了。」我聽了很難過，因為我知道那是不會發生的，她戒不了毒了，而且她的孩子早就放棄她，不會來探望她。

還有一次我倒咖啡給來聚會的教友，旁邊有個糖罐，他就打開糖罐往裡面加一杓又一杓糖，我很驚訝他怎麼這麼不注重健康。看到我的表情，Pastor Greg 解釋說：「因為他不確定下一餐在哪裡，所以有吃的就盡量塞多點，自然也沒有健康觀念，吃飽第一，顧不了什麼營養均衡。」也因此很多遊民體型過度肥胖，就是長年累月吃太多高熱量高糖分的垃圾食品，很容易罹患各類疾病。很多教友會忽然消失，可能病逝、被車撞死，或打架鬧事、吸毒過量……各種原因無法探知究竟，只覺得生命很脆弱，無常在這裡好像永遠比明天更早到。

一般講「開眼界」通常指的是看到奢華的夢幻面，但我是看到比想像中更黑暗的現實面。以前罹患憂鬱症的痛苦，跟他們比起來真是小巫見大巫。有些人原先也有家庭有孩子，因種種原因漸漸陷入困境，被牢牢綑綁住，彷彿永遠沒有盡頭，而在這種父母酗酒、吸毒、家暴的環境裡成長的孩子，幾乎無可避免地惡性循環，人生要變正常的機率很低，因為家裡沒有安穩的力量。被性侵害的女性更是多到驚人，常來教會的一個女生，她在國中就被母親一任任不同的男友性侵。還有人因為沒錢買針筒，去垃圾桶翻找廢棄生鏽的，結果打到嚴重感染，上臂必須截肢……一堆形體、內在都破碎的人聚集在此，一段段故事讓我看到人性的邪惡、黑暗和墮落、絕望，他們放棄生命，完全不在乎自己的明天，比悲傷還悲傷。

服事遊民的經歷，讓我學習到很多課堂不會教的事情，帶給我許多啟示並建立更堅強的信心。我發現原來我可以做一些事，是本以為別人能做而我絕對做不到的；我以為自己很沒愛心、很膽怯，但當我實際參與後，才發現我沒那麼差，我的能力所承擔的超過自己想像。雖然開頭有點糊里糊塗一咬牙栽進去，也沒有吃仙丹或上特訓，但其實就是一個簡單的想法：我願意。原來服事遊民或任何人，並不需要十八般武藝樣樣精通或擁有超凡入聖的精神，只在於願不願意開始做。

\ 管他的，先來杯咖啡吧 / 心的練習題

想一想，到現在為止，你曾經經歷過的挑戰。

面對新的挑戰，你曾經做過哪些預備？

我具備哪些能力，是可以幫助別人的？

列出你接下來的挑戰清單。

人是值得的

我想幫助所有陷入黑暗迷亂的人，一起往有光的方向走，重建美好的生活；我想盡己之力愛人，因為每個人都是值得的！

・給予我們能力所及的過去

我常和團隊說一段話：「神是配得的，教會的存在是要敬拜神，把我們的生命都帶到神面前，因為神幫助我們、拯救我們、醫治我們，所以配得我們把所有一切最好的交給祂。而人是值得的，我們要盡己所能地愛人、關心人、相信人、造就人，幫助人成為神所創造的樣子，因為每個人都是值得被這樣對待的。」

記得就是在 Light of the World 教會裡服事的那段日子，特別讓我領悟到「人是值得的」這句話的涵義。

那時主要是禮拜三和禮拜日有活動，禮拜三去救世軍團（基督教機構供應遊民去洗澡、吃飯、睡覺的庇護所）做敬拜，大家可以繼續做自己想做的事，其中劃出一個區域讓他們也可以來參與聚會、聽講道、唱聖歌，我們會為他們禱告或一起聊天。禮拜天則是租下政府給退伍軍人辦活動的場地，煮一頓愛宴給大家吃，也有主日崇拜講道等等。而我負責的事很多，要搬樂器、布置會場，也要學著煮飯。

最耗時費力的應該就是準備愛宴了，有一個廚師會來幫忙，他是一個體型壯碩、開朗可愛的人，以前在軍隊也是當廚師，為多人準備餐點的經驗豐富，動作俐落快速，我跟著他邊做邊學。愛宴通常是早餐，我們會炒一大鍋蛋，另外再煎培根條或其他配菜。要炒那麼大量的蛋是很麻煩的，在美國有販售一種人工製造的粉，加上水和牛奶烹調一下就可以魚目混珠，價格低廉，製作方便，味道也不會太差。有些特別便宜的旅館，免費附的早餐多半是這種速食蛋，嘗一口就能很輕易分辨出是真的或假的。

可是我們教會從來沒有用過速食蛋，每次都要把一盒盒雞蛋敲破打散、放進鐵鍋炒。想想看，要分給幾十個人吃的分量，不是做給家人那麼悠哉輕鬆，光是把蛋打散這個動作就去掉半條命，感覺手都快打斷掉了，一旁的主廚看在眼裡，笑我這個沒肌肉的傢伙動作太慢了，實在很沒用。

為了不被嘲笑，我更賣力地打蛋，有一天 Pastor Greg 走過來跟我說：「你知道我們為什麼都用真的蛋，不用速食蛋嗎？遊民有得吃就不錯了，幹嘛那麼講究，一定要真的蛋嗎？可是我覺得人是值得的，真的蛋有營養而且並不貴，雖然我們沒很多錢，至少還買得起蛋，不要為了省一點錢用假的粉，要給人們我們能力範圍所及最好的東西，等我們更有錢時就可以給大家更好的，他們值得我們承擔這一點代價。」

人是值得的（people are worth it）！他的這句話在我心裡燃燒著，所以每次打蛋打到手快斷或是工作累到想放棄時，就會想到這句話，然後鼓勵自己繼續拚下去。

・第一次上台講道，有人大聲打呼……

除了體力活，Pastor Greg 還叮嚀我隨時要預備好上台講道，他要我每個禮拜天都要先寫好一篇，但是不一定哪天讓我去講。通常主日崇拜都是他講道，還輪不到菜鳥實習生，所以每個禮拜天夾在聖經裡的講道內容從來沒用上。忘記多久以後，我一早又在打蛋時，他忽然走過來說：「Peter，我想今天由你來講道。」他的聲音姿態宛如以前在軍中特種部隊的長官，訓練新兵隨時能立馬上陣，不會提前預告讓我有準備時間。

之前在大學團契和教會裡都有上台分享的經驗，但聽眾的環境背景跟我很類似，而這回大不相同，以致雖然不是第一次講道卻特別緊張。當天人較少，就沒有移往大堂，大家在吃飯的原地稍微挪動椅子、靠攏圍著我，感覺更壓迫。聽眾們都很「做自己」，要麼注意力很低、要麼反應很嗆，不想聽就站起身走開，甚至會大聲噓我；稍微安慰的是講得好時也會被大聲讚美，眾人齊呼「哈雷路亞」「阿門」。我預備一段約翰福音，從頭到尾心跳得厲害，偏偏靠我很近的一位老兄不客氣地睡著了，沒多久開始大聲打呼，聲震如雷，大家都笑起來。

我比預定時間更快結束了那次講道，除了挫敗，還有種非常心虛的感覺。因為聽眾們年紀比我大，閱歷更是豐富，大風大浪都見過，擔心自己講的沒辦法提供幫助；我不是在求表現，不是作秀，真誠地想講出自己的想法，但我怕大家嫌我這個毛頭小子根本不了解他們的處境。

現在我越來越善於分享生命經驗，很多時候是在對自己講、告訴自己要如何度過難關，讓教友很有共鳴。我也很享受準備講章，可以藉著思考、默想、研究，感受到神在對我講話，不會像那次既掙扎又心虛，但畢竟成長需要時間和學習慢慢累積，勉強不來。

我很感謝 Pastor Greg 和所有人給我這個機會。那天有六十幾人聽我講了三十分鐘，等同於總共是一千八百分鐘以上的生命挪出來，放在我手中，真的是莫大的榮幸。時間是世界上最寶貴最重要的資源，我們可以管理金錢，可能越滾越多，但再怎麼管理時間，它就是滴滴答答、不斷流逝。不管聽眾的身分是流浪漢或大富豪，都不該浪費別人的時間，即使講個笑話也要有鋪陳的效果，而不是填塞時間，沒有人會嫌你講得短，內容有沒有意義、能不能打動人心才是重點。

後來有機會去瓜地馬拉的監獄裡跟被關的前任總統講道，面對這類特殊場合或特殊身分的人，原本感覺很緊張，但只要想起 Pastor Greg 曾說「你如果能跟遊民講道就能跟任何人講道」，我就信心十足，知道自己一定可以講得很好，沒問題，什麼場面都不必害怕。

回想起那段日子，我看到人性最殘酷最脆弱的一面，情緒難免波動，但也學到了很多智慧。Pastor Greg 說過：「神只能幫助人脫離敵人，不能幫助人脫離朋友。」意思是當一個人覺得某樣東西（如毒品）對他來講是有害的，形同敵人，神就能幫他對付敵人，戒掉毒品；但如果毒品成為他親密的朋友，表面上嚷著要戒掉，其實填滿、陪伴他的生活，那麼神也無法幫他。

後來當牧師在輔導教友時，這句話提醒我去分辨對方的狀況，他所訴說的問題和痛點到底是敵人或朋友？比如說他常被人排擠，我要分辨他是否真心要脫離這種感覺。有的人是真的希望改善人際關係，那我一定會盡力引導他；但有的人是想當可憐的受害者，佯稱被排擠來贏得大家的關心與同情，是他得到旁人注意的手段，根本沒想要改變，那麼傾聽就好了，不需要想方設法幫他解決。

・面對求助，不能陷入對方的問題

面對求助時，不能陷入對方的問題，否則最後可能白費力氣。更不能被對方情緒勒索，把自己的生活也搞得雞飛狗跳。必須分辨自己可以做到什麼程度，什麼時候必須交給更專業的人協助。真正幫助一個人是陪著他走出來，這段過程除了要運用智慧，意志力也須夠堅強，要有能力幫對方，並回到自己的生活裡，不會懷著罪惡感。很多人做不到這點，沉溺其中，覺得眾生悲慘，自己也不應該幸福快樂，那會把原本的生活都拖垮了。學習著保持界線，不能被對方控制、利用，才能做得久遠做得健康。

・找到你人生的核心價值

實際進入遊民的生活真的是大大打開了視野，原來人世間有很多苦難是我無法了解的。在富裕的好家庭中成長的我有我的痛苦，他們有他們的，苦難不會是階級的問題，而是每個人都可能會經歷的，找出緣由解釋你遭遇這些苦難的意義是什麼就是解脫的起點。如果你的人生沒有任何意義是大過於苦難，你就會被苦難定義、被苦難占據。

人為何會去吸毒、酗酒、瘋狂購物、繭居？因為想逃離現實，想迴避失去的痛苦，每個人有自己排遣的方式，變成遊民只是其中之一，但共同點都是想逃。他們未必比較糟糕，只是他們的方式造成生活更大的影響，但有工作、有房子、無不良嗜好的所謂「正常人」也往往都充滿失落感，不見得朝著理想目標前進，甚至可能從未想過追尋存活的意義，過一天算一天，心靈層面和遊民差不多。

生命中有秩序和混亂兩面，每個人都努力試著維持秩序面，但也很可能一不小心失去所有，漸漸往混亂面靠攏，兩面看似極端，但中間只有一線之隔，最大的重點是你的人生有沒有核心價值、中心主軸。遊民並非生下來如此，不是從小注定當流浪漢或自己的選擇，而是發生某些事情逼得他們往混亂面走，然後迷途難返越陷越深，終於再也找不到出口。

回憶以前罹患憂鬱症，如果沒有神的引導，很可能也會自暴自棄，無法工作，最後搞不好也成為遊民。所以我越來越能理解他們為何會走到這一步，而不去論斷他們，我跟他們唯一的差別是得到神的治癒，讓我找到生命的意義，從混亂重新走回秩序。如今，我想幫助所有陷入黑暗迷亂的人，一起往有光的方向走，重建美好的生活；我想盡己之力愛人，因為每個人都是值得的！

\ 管他的，先來杯咖啡吧 / 心的練習題

「人是值得的」這句話給你什麼啟示？

時間是世界上最寶貴、最重要的資源。想一想你一天的時間規劃。

「神只能幫助人脫離敵人，不能幫助人脫離朋友。」對這句話的理解，你個人的想法與作者一樣嗎？為什麼？

「如果你的人生沒有任何意義大過於苦難，你就會被苦難占據，你就會被苦難定義。」從這一句話，你可以試著想一想關於你個人的核心價值是什麼？

認識人的完整樣貌

如果我們能不懷偏見，不隨意論斷他人，幫助人時自然不會存有優越感，這就是同情和同理的不同。

· 不該輕易論斷他人

很多人習慣以單一印象去形容他人，而且往往是用最不堪的狀況來概括全貌。然而任何人都不可能一直完美無瑕，總會有很糟糕的時期，不該以此認定一個人、抹殺一個人的價值。看待自己也是如此，不要以一件很羞愧的錯誤來貶低自己，神不會以某項缺點來定義人，而是用完整圖像來認識人。

這也是我在 Light of the World 教會實習時得到的寶貴領悟，那天是禮拜三，我們依舊去救世軍團舉辦布道會，帶著樂器跟大家唱歌、敬拜、為他們禱告、分享彼此的故事。整個庇護所每次都大約有三十幾個人來參與，由於人數較少，我對每一位都算滿熟識。聚會結束後，大夥開始收拾東西準備離開，我把鼓搬下來時，眼角餘光瞥見一個二十幾歲的年輕人走上台，我認出他的臉孔，知道他一直有毒癮，所以第一個閃過的念頭就是：喔，不妙！他怎麼了？是不是嗑茫了？平常除了工作人員，所有人都很規矩地在台下坐著，不會突然跑上去，他八成因為吸毒了，不知道自己在幹嘛……

沒有人過去阻止他，我有點緊張地注意著，台上還剩下一架破舊的鋼琴，只見他默默坐在鋼琴前，把蓋子緩緩打開，然後雙手優雅地放上琴鍵，陶醉地彈奏起來。一支悅耳的曲子迴盪在空氣中，他的技巧比我好太多了！我放下鼓，非常驚訝地眨眨眼，想說這麼落魄的流浪漢怎麼可能有此才華？其他人也都停下來看著他，衣衫襤褸的他很自在地演奏完，大家為他鼓掌，他把鋼琴蓋蓋下，默默地走下台離開了。

我原本擔心他會不會搞破壞來宣洩情緒，畢竟年紀輕輕就吸毒、淪為遊民，不可能會彈琴……接著，感覺到神在提醒我：「你太驕傲了，不該輕易論斷他人。」

· 提醒自己的驕傲

以缺陷來給別人貼標籤是很不公平的，譬如風光一時的女明星，因心理疾病順手牽羊，從此「女賊」成為她的代號，好像她一輩子只能是罪惡的小偷，過往優異的演技與迷人的魅力全部消失，永遠不能洗白，這個問題代表了她的全部。

人很喜歡為東西取名，所有生物有學名俗名，界門綱目科屬種細細分類，因為這樣能幫助我們區隔其益處或害處。可是人本身沒有這樣簡單，無法被簡單地分類，不能用一樁事件或身分階級判定一個人是好或壞，人的心理和行為很混雜、變化極大，有行過善事也有幹過壞事，有很得意也有很失意的階段，吸毒犯可能有很大的能力去做好事，而牧師也可能有很大的能力去做壞事。

剛信神時自我感覺特別良好，尤其我自認為是神學院的學生，我愛神，遵循神的一切指示，對人生充滿希望……而那位擁有一手好琴藝的年輕人正好給我一項反省功課——我太驕傲了，才會訝異於他的表現，神提醒我不要隨意以既有印象去標籤化他人，不能只關注某部分的缺失而抹殺其餘價值。就像摩西也曾殺過人，聖經不會掩蓋他的過往，但也不會用殺人犯來定義摩西。

・造神，是人的本性

偏偏我們都很容易落入成見，常以錯誤的角度看事物而顯露偏狹的想法，我去瓜地馬拉宣教時就鬧過一次笑話。那天我們一群人坐在廂型車中，行經山路看到有幾隻馬低頭在吃草，我竟脫口而出：「看，有一些無家可歸的馬。」朋友指正說：「那不叫無家可歸的馬，那叫做野馬。」頓時一片哄堂大笑。為什麼我會用無家可歸來形容這些馬？大概是因為以前看到馬的圖片和影像都在為人工作，或關在動物園被豢養，從沒看過馬這樣自由自在，沒有被人類照顧管理。那時我再度領悟到，很多時候用謬誤的想法去定義事物，長久下來反而忘記原始的真相。好像馬就該被人養、被人騎著，卻忘記馬原本就是這樣生活在草原的動物，這才是牠們最真實的樣貌。

這也讓我聯想到很多人喜歡造神，在宗教學和心理學都有提到這種現象。人類歷史裡，很多文化會把一個人高高捧起奉為偶像，然後又毀滅掉他，好像英雄本應為眾人犧牲。人似乎出於本性，會想拱出一個人，把所有的愛憎都發洩在他身上。現今很多團體的領導則是被包裝成神，有些人一開始盲目地跟從，但後來發現這人不是自己所想的那麼完美，就轉變為深惡痛絕。其實這個人並沒有那麼好也沒那麼壞，都是造神者自己扭曲的心理所形成。

・信仰不是成就自我，而是服事他人

如果我們能不懷偏見，不隨意論斷他人，幫助人時自然不會存有優越感，這就是同情和同理的不同。同情（sympathy）往往是覺得自己比較高階、有智慧，可以來幫助低階的人，對方的感受似乎是被施捨。而同理（empathy）是我可以了解你的感受，讓我們一起努力。作家C・S・路易斯說得很好，所有的友誼都開始於「喔？原來你也是這樣？」（All friendships start with“oh, you too?”），當兩個人發現彼此雖然很多外在條件大不相同，但內在某部分很類似，就會因為有相同的問題而產生共鳴，結為同伴。

我常跟同工說，要跟求助者說「me too」而不是「you should」。不要說你應該怎樣怎樣，而是我也跟你一樣，雖然我也如此掙扎，但我跟隨神的過程學習到美好的真理，可以分享給你。這樣的言語才能拉近彼此的距離，而不會表現出高高在上的姿態，好像說別人很差勁，應該要聽我的教訓，那麼可能很少人會心悅誠服。

在大學時學習門徒訓練，覺得帶人信神、向世界宣揚基督教就是這樣一步步照著章程走，但服事遊民後發現不是這樣簡單，有時候感覺好不容易前進一步，卻又立刻後退兩步，好像永遠無法到達目的地，不要以為你能帶著所有人往前衝，整個過程必須很有耐心。我因此對人更包容更有同理心，看人的角度也更柔軟，可以接納軟弱或破碎的人，並非我比較優秀足以影響引導他們，只是走在前面一點，因為我比較先走。

本來我不知人間疾苦，但和遊民相處，看到很極端的生活，逐漸讓我開始從只關心自己到想要關心別人。信仰最終不只是成就自我，而是要服事其他人，幫助人改變生命。從對方的角度去看問題，接納對方愛對方，不是因為他變成信神的人而愛他，不是一心要他變成自己想要的完美樣子，而是愛他現在的樣子，陪著他往更美好的未來走。

・一個人的改造分好幾個階段

我尊敬的 Pastor Greg 就是這樣對待教會的貝斯手，他是個居無定所的中年男子，到處借住在別人家，還長期酗酒。有時禮拜天他沒來彈奏，就是喝過量無法起床，這點實在令人覺得他不怎麼可靠。但 Pastor Greg 有時候上課時竟會問教授能不能帶這個人來旁聽，顯然他非常關心此人。

多半人不知道這位貝斯手的過往故事，他很年輕時坐過牢，據他所說是因為霰彈槍不小心走火，誤殺了妻子，實情不得而知。他蹲了二十年牢房的那所監獄曾請牧師去講道，那位牧師正好認識 Pastor Greg，就說起這人在監獄惡名昭彰，所有人敬而遠之，因為他老是神經兮兮地自言自語，彷彿被邪靈附身。

無法想像這人曾經如此瘋狂，他清醒時都很友善，大家也和他很親近。可見從過去到現在，他已經成長很多，雖然仍沒有工作、仍酗酒，但至少和以前不一樣了，還能來彈奏貝斯。Pastor Greg 說一個人的改造可能會分成好幾個階段，像一場漫長的接力賽，很多人輪流幫他，讓他漸漸改頭換面，不再是過往那個人人懼怕的犯人。

回想起那兩年多跟著 Pastor Greg 實習的經歷，點點滴滴都那麼難能可貴，滋養了未來的我，其中讓我學到最重要的兩件事：第一，人是值得的，要看到人的價值並幫他們活出這種價值，不只是愛每個人接納每個人，而是幫助他們找到自我價值，相信他們能做得更好。正如 Pastor Greg 所強調，要讓遊民一起做事，感謝他們的貢獻，而不是只供應他們白吃白喝，一定要讓他們有所付出，看到自己的雙手做了某件事而產生某些結果，才會感受到自己存在的意義，知道自己的能力。第二，要改變自己的態度，直視自己的破碎與驕傲，不要論斷別人。不能用最糟的一點去描繪他人，而是用神所創造出他原本的樣子去認識他完整的樣貌。

\ 管他的，先來杯咖啡吧 / **心的練習題**

想一想到目前為止，你做過哪些改變？

作者從Pastor Greg牧師那裡學到兩件事，第一：人是值得的，第二：要改變自己的態度，不要論斷人。你能夠從這兩件事，如何在自己的生活中，去實現這兩個概念嗎？

Chapter 5

創造

耶利米書 29:11-12

耶和華如此說：我知道我向你們所懷的意念是賜平安的意念，不是降災禍的意念，要叫你們末後有指望。你們要呼求我，禱告我，我就應允你們。

不要失去盼望

我不會失去信心，不會只做白日夢，幻想一些不實際的計畫，而是要帶著滿滿的盼望與行動力去打造未來。

・為了孩子全力以赴的天下父母心

在加拿大留學時，媽媽和我常去購物中心美食街吃晚餐。有一次看到一個印度女子在旁邊打掃，媽媽向來喜歡跟陌生人聊天，就和她攀談起來，得知對方在印度的工作是醫生。媽媽很好奇她為何要遠走他鄉，她說：「在印度下一代很難有好出路，所以我們夫妻倆寧可放棄一切移民到國外，希望我們的孩子以後有較多機會。」天下父母心，都是為了孩子可以全力以赴。我的爸媽也是這樣努力，全心全意要讓孩子有更美好的前程。

我的爸爸祖籍四川，從小在印度長大，排行老六的他有十一個兄弟姊妹，其中兩個出生就不幸夭折了。原本爺爺奶奶在邊界做雜貨店生意，沒想到中印兩國起了軍事衝突，印度政府把華人全關入集中營裡方便管理，他們一夕之間失去全部財產，囚禁了兩年才被釋放。戰爭結束後，所有家族成員分散各地，有的去香港、有的到台灣，爺爺很早就過世了，後來奶奶和大部分親人都搬到加拿大，只剩下爸爸留在台灣。十幾歲的他非常爭氣，順利考上建中、台大醫學院，擔任放射診斷科醫生。

對爸爸的記憶就是他總在外辛勤地工作，偶爾會講起自己讀書、工作有多辛苦。記得幼年時聽他說要挖水溝賺學費，總以為是編造的故事，但直到二十幾歲有一年過年家族親戚齊聚在加拿大，他們閒聊時追憶以往要挖水溝，才相信那都是真實經歷。努力讀書，當上醫生，付出所有，就是爸爸愛孩子的方式。醫生的收入並不低，但爸媽都過得很簡樸，所有積蓄全花在孩子身上。如果不是他們這樣省吃儉用，我們不可能讀得起美國學校、移民國外，很多知識和經驗也都無法獲得，可能不會成為現在這樣的人。

・你的心中有沒有盼望？

從小爸爸灌輸小孩一個觀念：人要腳踏實地，按部就班，不能怕吃苦，不要想著享受。工作是很榮譽的事，而且要有高道德標準，不能貪圖榮華富貴、走捷徑動歪腦筋，做人一定要正直誠實。這始終是我為人處事的指標。

媽媽小時候在台東池上長大，外公家族是有錢的地主，但和外婆很早就離婚了，當年的細節不得而知，總之外婆孤身一人辛苦地帶大所有孩子，媽媽回憶童年時常常趁晚上去外面偷水回來洗澡。我一輩子只看過外公兩次，一次是小舅舅結婚，表妹遠遠指著他，悄聲說那個就是外公。第二次是近年他罹癌，媽媽希望我有機會認識他。儘管是苦過來的，但媽媽一直很勤勉，曾任護士的她和爸爸結婚、生子後，辭掉工作當全職家庭主婦，一路走來他們始終感情深厚、互相扶持。

我有兩個妹妹，大妹和我相差不到一歲，小妹小我八歲。小學一年級我曾讀過台灣學校，因為過動加強迫症，無法適應體制，所以爸媽決定送我去念美國學校，後來妹妹們也都比照辦理，給我們三個孩子最適合的教育。對中產階級的家庭來說，其實負擔很大，媽媽有時會提醒我們要記得我們家是全校最窮的，別人可以做的事情不代表我們也可以。有次同學約我一起去買衣服，猜想大概就是去西門町吧，結果他們說要飛去香港！當時很多國際品牌還沒進駐台灣，有錢人會趁週末去香港買潮牌。當然啦，要聽媽媽的話，於是我連忙婉拒。

在七〇、八〇年代的父母應該都是這樣想的，他們努力工作、犧牲奉獻、拚命攢錢，就是想讓下一代過更好的日子，而且深信整個環境都會越來越好。但近二十年來，全世界都籠罩著不景氣的氛圍，大家慢慢失去了這種信心。未來是否真的越來越糟糕？答案應該是見仁見智。我個人覺得新世代有更多可能的成功方式，而非傳統的高學歷好背景才有出頭天。但重點不在於世界變得更好或更壞，而是人們心中還有沒有盼望，願不願意踏實地築夢？或充滿消極的思想，看淡一切、無欲無求地消極度日，天天滿足於吃喝玩樂的小確幸，對未來一片茫然？我很擔心是後者，如果所有人都失去了盼望，把「不想努力」掛在嘴上，未來似乎很絕望。

神學院畢業後，我決定回台灣發展，事實上我早已有此計畫，而爸媽感到很納悶，因為妹妹一個在美國、一個在加拿大，都過得很好，他們以為我理所當然也會待在國外，畢竟受國外教育也很習慣歐美的生活環境，為什麼又要搬回台灣？並非他們不喜歡台灣，而是覺得國外的機會更多，選擇美國學校就是想讓我們出國發展。他們的苦心我都懂，也不可否認國外的生活很舒服，但我的問號是：難道在台灣不能有好前途嗎？

其實原本從來沒有這個念頭，從小到大都在讀美國、加拿大的歷史，甚至曾有種很幼稚的優越感，對台灣沒有任何情感，可以說對自己的故鄉一無所知。本來打算留在美國當牧師，因為美國在宗教界的影響力很大，一定可以有所發揮；後來是由於一段影片，意外地改變了我的人生計畫……

・為主贏得台灣

大一時，我在網上無意間看到一個行政院製作、介紹台灣歷史的宣傳影片，內容頗呆板單調，但我卻被深深吸引住了。尤其講到土地改革時，看到農夫們拉著載貨的拖車在日頭下揮汗奔波的畫面，我居然開始莫名地落淚。為什麼我這麼感動？這個叫做台灣的地方有什麼魔力？還有什麼故事是我沒接觸的？以前谷歌大神還沒有這麼厲害，所以就迫不及待跑去學校圖書館找資料，借了四、五本書回來研究。人生第一次讀到台灣歷史，慢慢才拼湊出這塊土地的坎坷故事。出生、居住很久的家始終被我忽略遺漏了，明明有拿中華民國護照的國民，但對這塊出生地卻非常陌生。於是我越發深入鑽研，而且也越來越愛這個充滿活力的地方。

暑假回台灣時，我買了一張大大的台灣地圖，帶回學校貼在房間書桌前，並常常拿下來禱告。我會把手放在地圖上，禱告完再貼回牆壁上，凝視著地圖夢想要搬回去定居，台灣不再只是個度假地，而是我盼望的未來。我不會失去信心，不會只做白日夢，幻想一些不實際的計畫，而是要帶著滿滿的盼望與行動力去打造未來。耶米利書第二十九章十一節，神跟以色列人說：「我知道我向你們所懷的意念是賜平安的意念，不是降災禍的意念，要叫你們末後有指望。」那張美麗的地圖上，我用醜醜的中文字寫上「為主贏得台灣」，意思是將來要回到故鄉傳福音，盡自己的一份力量幫助家園改造、成長。在那裡，即將展開美好的前程和盼望！

心的練習題

◤ 遇到挫折時，你是否還保持信心？你明白自己的信心從何來？

◤ 你曾經做過哪些「白日夢」？

有哪些「白日夢」因為你的行動力而實現了？

未來你還有哪些「白日夢」？你如何發揮行動力，一步一步實現「白日夢」？

帶著盼望創造未來

神是主人，會給予每個人應得的，而祂要的是人能將擁有的開創出翻倍價值，神不會嫌你回給祂的太少，而是你如何運用祂賜予你的禮物？是做有意義的事，或原封不動又還回去？

・我仍保持樂觀，明天會更好

我讀過一本書《從 0 到 1》（Zero to One），裡面有很多獨特的觀點，其中有一段，作者以四個區塊劃分各國看待未來的態度，尤其讓我思索再三。四種態度分別為——一、不確定的悲觀主義：以一九七〇年代的歐洲為例，當時官僚主義使得黃金時代沒落，人人覺得未來沒希望了，但也不知道可以做什麼準備，就是混一天算一天，因此歐洲人熱中度假。很不幸的，這種想法也是目前全世界的主流。二、確定的悲觀主義：有些國家經濟飛快成長，但窮人拚命存錢，富人則將資產移往歐美，因為他們很確定未來每況愈下，不相信能追上西方強國的生活水準，實際上是悲觀的。三、確定的樂觀主義：相信未來會更富裕，人類會更健康，從政治領袖到人民都努力計畫、建設，各項發明超越以往，創造力爆發，一九五〇到六〇年的美國因此崛起成為強權，改變全世界風貌。四、不確定的樂觀主義：從一九八二年至今，美國漸漸轉變為此類，他們已經習慣不用付出就能過好日子，很少人想實現夢想，天真地認為不必做準備，反正未來會自動進步。

七〇、八〇年代的台灣人應該多半屬於確定的樂觀主義者，經過戒嚴時期封閉緊繃到解嚴後社會開放，為了改善基礎設施及產業升級而進行十大建設工程，當時人人充滿盼望，相信努力付出一定會得到報償，未來有很多可能性。但近年卻慢慢轉變為不確定的悲觀主義了，很多「厭世代」覺得再怎麼努力也不會有變化，反正人類歷史列車眼看開往世界末日，還有什麼好計較？打拚等於白費力氣，不如擺爛！到最後只追求眼前的小確幸，及時行樂就是人生目的，甚而越來越絕望……我關在精神病院時憂鬱沮喪的感覺也是如此可悲，過一天算一天，每天只是毫無樂趣、目標地苟活著。

有時候我會想，如果十大建設擺在二〇二二年實施，可能會被批評的聲浪阻止。以前雖然也難免有人唱衰，覺得高速公路是給有錢人使用的，但普遍相信國家的決定。當人民不信任社會有潛在發展力，做任何突破性開發都會被譏笑為畫大餅，因為大家只願意守成，害怕失去原有的好處。

這種狀況不只在台灣，全世界都差不多，對未來的想像局限而負面，譬如說科技在一九五〇年代是象徵最酷的發展，讓人類進步便利，有一天車子可以在天上飛翔、人類可以移居外太空等等，但現在提到科技，好像更容易聯想到人與人的疏離，甚至全世界被控制、摧毀，走向滅亡。近年炒得沸沸揚揚的疫苗更明顯，原本是拯救生命的偉大發明，但現在討論的全是問題、危機、利益、陰謀，而推波助瀾的網路也成為科技帶來的災難。

似乎越來越多人懷著悲觀的想法，也不覺得自己可以有所貢獻，改善可能變壞的狀況，宿命地接受未來逐漸走下坡。但我仍保持樂觀，並堅信明天會更好，而且每個人都可以參與其中，為創建未來盡一份力量。因為現在是民主時代，什麼叫做民主？就是由人民作主，作主就是負責任，社會最主要的基礎不只是自由，自由也並非為所欲為，而是每一個公民都要為社會負責，為彼此的生命提供能量，打造更繁榮進步的世代。

・理解苦難的意義，才能創造未來

人要看到未來的那幅美麗圖片，才會願意忍受辛苦付出心力，只要能實現憧憬的未來圖片，即使自己不能享受到成果，下一代也絕對可以承接，擁有更好的前途。我父母那一代吃盡苦頭，就是為了讓孩子能有好生活，但隨著想法改變，大家只覺得養孩子太困難，教育、經濟、環境一堆麻煩事，計算每件事的代價，結論是成本太高，於是出生率年年下滑。任何事都只追求快速簡便，滿足於小確幸，而不願去想其價值，所以百貨公司美食街越做越大，因為整體消費能力下降，吃頓好的最重要，其他不論是提升物質或精神層面就算了。從好的一面看，或許比較不會爭強鬥狠，不再有掠奪廝殺的狼性，但某種程度上也因此日漸失去信心和理想，不相信自己可以創造、扭轉未來，眼中看不到願景，因為心裡根本沒有期待。

當我從美國回到台灣時，常有人會問起：「為什麼要回來？在美國好好的，回來的原因是什麼？」他們會這樣問，就代表對此處不認同，不覺得在台灣有發展的機會，缺乏盼望，看不到未來的圖像。相反的，如果我選擇待在美國，不會有人問我為什麼不回家鄉？幹嘛要留在美國？即使有很多負面因素，但「美國夢」這塊金字招牌從未褪色，到美國就代表想要有好教育、好環境，不管到底正確與否或能不能實現，至少大多數美國人樂觀地相信自己的國家和強盛、正義畫上等號，可能難免有些自大，但這就是美國象徵的精神。《舊約聖經‧摩西五經》從創世紀祖先亞伯拉罕、出埃及記一路寫來，就是摩西要告訴以色列人他們是誰，知道自己的來源，理解過往苦難的意義，才能創造未來。而台灣的價值和故事呢？似乎大家還不夠清楚。

‧你如何運用你的「禮物」？

每個人都對未來有期待，但往往停留在許願（wish）而非盼望（hope），講直白一點就是開開玩笑過過癮，心知肚明那些願望不會發生。最常聽見的是生日宴上吹蠟燭前要許下三個願望，應該不會有人隔一陣子來問壽星願望有沒有成真，因為大家知道那只是個按照慣例的形式，即使有人許下很實際的想中樂透這類願望，也沒有人會去追問他發財了沒。許願通常是心中萌生的一點點慾望，含藏著不想靠自己的力量，最好是天上掉下來的禮物，根本不會去做什麼事來達成——後面沒說的傷心話是根本不可能中獎，被雷劈的機率還比較高！

我常跟大家說：「Stop hoping for a better future, but create a better future with hope.」重點不是只期待，而是要帶著盼望去創造未來，願意付出代價努力行動，否則都是空想、做白日夢。當然不可能掌控所有事物，但在某些能力範圍內是可以有所作為，完全聽天由命形同放棄。我的觀念一直偏向積極樂觀，相信可以盡己所能去打造理想的圖像，雖然在每個地方達到的成績絕對有差異，畢竟區域不同會有不同的際遇，但不該被地理環境限制想像，不論在何處前程都會是一片燦爛光景，只要有決心去行動。我追尋的不是美國夢，而是有歸屬感的土地。人是神的子民，神在我們裡面，讓我們聰明有才智，賜給我們承諾和能力，我們可以帶著盼望前往任何地方，創造有意義的人生。

聖經裡有一個很有意思的故事：一位主人要出外旅行，把產業交給三個僕人管理。按照各人的才幹，分別給他們五千兩、二千兩、一千兩銀幣。過了一段時間後，主人回來了，第一個僕人說：「你給我五千兩，我又多賺了五千兩。」主人大大稱讚他做得好，讓他一起分享主人的快樂。第二個僕人說：「你給我兩千兩，我又多賺了兩千兩。」主人同樣欣慰地誇讚他，也讓他一起分享。第三個僕人說：「主人，我覺得你是個殘酷的人，所以我把一千兩埋在地底下，現在還給你。」主人罵他又懶又壞，什麼都不分給他。

這個故事包含很多豐富的教導，我所感受的是每個人得到的財富或能力可能不一樣，擁有較多未必代表幸運，擁有較少也不一定代表不幸。神是主人，會給予每個人應得的，而祂要的是人能將擁有的開創出翻倍價值，神不會嫌你回給祂的太少，而是你如何運用祂賜予你的禮物？是做有意義的事，或原封不動又還回去？每個人一出生，頭頂就扛了一個無形的時鐘，顯示活在世間的剩餘時間，那是注定的數字，一分一秒不停歇地消逝中，數字無法增多，我們只能讓每分每秒都有意義，才不致白走一遭。這個意義就是到那天，你交還給神自我創造的翻倍價值，而祂必定給予更多的祝福。

心的練習題

「神是主人，給予每個人應得的。」你要如何運用神給你的禮物？

活在夢想中

人有盼望時，沒有時間心力花在悲情上，而是化為實際行動，很多方法可能效果不大，但絕對好過否定所有可能，阻止自己嘗試。

・一次一次練習，更接近目標

剛回台灣時，我在補習班教英文，坐捷運到家通常已經晚上九點多了。下車那站有個賣壽司的小攤子，十點打烊前會有優惠特價，我站在旁邊，等他們從八折貼到對折的標籤再出手；但這麼精打細算的人並不少，所以有肉有蝦的常常被搶光，只剩下包條小黃瓜或肉鬆那種最陽春的，晚餐只花個四十元就打發掉了。有一晚，我又坐在書桌前吃壽司，吃著吃著，開始不住地流淚，不是因為覺得手頭拮据、自憐自傷，而是喜極而泣——我回到台灣了，這是即將展開前程的地方，吃得再差也沒關係，重要的是我順利踏出第一步，慢慢朝著目標走，慢慢創造出未來的圖像，我終於活在夢想中了！

那是二〇〇九年，我剛從神學院畢業，由於計畫已久，就立刻把車賣掉，帶著在美國打工的積蓄，收拾全部家當，把衣物、用品、書籍裝兩皮箱，身上揹著塞得鼓鼓的大背包，充滿興奮的心情回家。踏出桃園機場，深深呼吸幾大口氣，告訴自己：雖然現在雙手空空地回來，但不用多久，我一定會開一間吸引許多人聚集的教會。

回台灣第一個要解決住的問題，正好爸媽在北投有間空房就便宜租給我。第二個月我去跟「房東」繳租金，爸媽笑說在我成家之前，這幾個月的房租當作送我的禮物吧。出社會後本來就應該要獨立，從來不會想當「靠爸族」，所以我高興又感恩不已。等到二〇一〇年和 Peggy 結婚後，隨即搬出去自力更生了。

萬事起頭難，尤其成立教會不算是件簡單任務，初來乍到的家園是個很陌生的地方，必須想方法拓展人脈，不能坐著空等。為了維生，首先要盡量多賺取一些收入，除了在補習班上課，我還當一對一的英文家教，約學生到星巴克上課，而且這個據點不只是上家教課，每次我都提早去，詢問單獨坐著的人想不想認識神，希望能找到一些有意願接觸基督教的朋友。從小我並非八面玲瓏型的社交高手，跟陌生人講話實在是一大挑戰，充滿恐懼感，但這是早已決心要克服的難關，因此在神學院時就超前部署，訓練自己每天都要和陌生人攀談，打個招呼或等電梯、排隊點餐時閒扯一句「今天天氣不錯」，即使十五秒也好。媽媽很善於此道，從小看過她示範很多次，但每次開口還是得硬著頭皮，很怕尷尬場面、當眾出醜，就這樣強迫練習了一整年。

果然這時候派上用場了，不過我並沒有立刻能很自然地做到，台灣人普遍來說又多半更害羞、不習慣和陌生人聊天。開始時總是要鼓足勇氣，有時話到嘴邊又難以啟齒，但後來多試幾次後，發現並沒有那麼困難。多半人的反應很友善，被婉拒也沒什麼丟臉，從來不曾有人給我難堪，頂多是被店員誤以為是直銷商而制止。恐懼在腦子裡的小劇場上演著誇張的戲碼，但全都是自己嚇唬自己，別人不會以為我懷著什麼詭計。很多事都是如此，做了、克服了就不會害怕，不再覺得難如登天，最主要的是做到這件事是有意義有價值的，因為我未來要當牧師，必須學習跟別人溝通，即使是閒聊也要讓人覺得很愉快，沒有距離感，一次次的練習讓我更接近想達成的目標。

・盼望的力量，無法預知

我也會到各個教會幫忙，翻譯、粉刷辦公室，什麼都做，更快速地結識有志一同的夥伴。網路也是一大利器，我在網路上成立社團，找人來一起品酒、聯誼、唱歌、烤肉，有點像同好會的活動，成果滿不錯，很多人來參加。我藉此遇到更多形形色色的朋友，有幾位就是這樣一直保持聯繫，到現在都固定來我的教會。

另外還在臉書搜尋在台灣的基督徒，一個個寫訊息去陌生拜訪，大概留了一百多則，總之無所不用其極，不試試不曉得有沒有用，結果回覆的寥寥可數。雖然這個方法有點「瞎」，但巧的是後來去台北靈糧堂服事時，竟然有人來跟我說：「嗨，你大概不記得了，但我幾年前有收到你寫給我的 FB 訊息呢！」

人有盼望時，沒有時間心力花在悲情上，而是化為實際行動，很多方法可能效果不大，但絕對好過否定所有可能，阻止自己嘗試。曾經有人問 Peggy，當初我們剛回台灣，兩個年輕人才二十幾歲，也沒有穩定工作，她怎麼願意嫁給我？她的父母怎麼願意把女兒的終身託付給我？ Peggy 的回答讓我很感動：「因為 Peter 說到做到，他一定會完成夢想，而且每天都有努力實行計畫，所以我和爸媽都很信任他。」

其實原本我並不是一個思想正面的人，透過信仰才學著看事物的多種角度，不只糾結於負面預測，也因此變得積極而有行動力。但必須承認，我也會感到焦慮沮喪，尤其是從 Peggy 懷孕到女兒出生那陣子。當妻子懷孕，做丈夫的最怕的事就是聽到妻子說有壞消息。那天一朵烏雲飄來頭頂，Peggy 打電話來哭著說她拿到產前檢查報告了，醫生說有可能是唐氏症的機率偏高，問我們要不要做羊膜穿刺，才可以百分百確定，但穿刺是有危險的，可能傷害到嬰兒和母體。我頓時手足無措，只能匆匆趕回家，回程路上默默禱告問神該怎麼辦。還沒到家，忽然被一種平安感包圍著，神說：「不會有事的，結果一定很美好。」

我回家和哭紅了眼的 Peggy 說神的話語，於是我們決定不管孩子怎樣都要留著，回覆醫生說不要做穿刺，就算是唐氏症也要好好照顧這個孩子。雖然有神的祝福，那段日子仍難免忐忑不安，畢竟要等到孩子呱呱墜地後才知道結果。直到那天女兒出生了，醫生說一切正常，我才總算鬆了一口氣。有些事你無法掌控、無能為力，不可能什麼都照著自己的想法進行，而未知造成很大的煩擾；但無論如何我們要懷抱信心，相信未來都是好事、最終都會有好結果，這就是盼望的力量。

・真正的盼望，讓人有動力

同樣在這段時期，我還深切感受到人生進入另一階段，不再是兩人世界，而是一個家庭，有教養孩子的責任。習慣做遠程計畫的我雖然努力存了一些錢，但不足以讓孩子有保障，常常陷入苦惱中，到底該怎麼做才能繼續打造夢想，又不必屈從於現實？忽然萌生一種失去盼望的強烈無力感。

這時我想到一個朋友，他的家族從中國到東南亞做投資有百年歷史，但行事低調、不為人知，可說是隱形富豪。投資對我來說是很陌生的領域，我也不確定能不能學會或是對方願不願意教導，反正一定不能繼續困在原地發愁，搞不好他真的能指一條明路。於是決定請他「喝咖啡聊投資」，行動派的我就是這樣，想太多也沒用……管他的，先喝杯咖啡再說吧！

朋友果然家學淵源，他告訴我投資不是投機，不能想著從天而降、一本萬利，而是要學習怎麼管理財富的一種思維。他不是教我技巧或報明牌，而是傳授了基本概念，並推薦很多書提供我參考。我忽然豁然開朗，財務狀況雖然沒有立刻解決，但可以設法改善，未來有很多可能性，不至於卡在原點。

當現實沒有按你所想時要怎樣繼續？真正的盼望讓人有動力繼續面對落空與失望，而非憂鬱悲傷或盲目地樂觀。我讀過一本書，寫二戰時被日本抓的美軍戰俘，很多人死在牢中，而經過分析最先放棄的反而是超級樂觀的人，因為他們覺得下個月或下個聖誕節就會被釋放，結果希望不斷地破滅，失去撐下去的力量；能活著的都是覺悟到要等待很多年，但相信那一天終於會到來。這是很艱難的，必須有堅強的信念，並准許自己有軟弱、發怒的時候，很多電影描寫這種被困住的心情，主角開頭一定會想盡辦法活著，但到最後總有一段會絕望到崩潰，很多時候這就是戲劇的尾聲了，再向前踏一步就能成功突破。現實生活中也是如此，太快下結論，提早放棄，豈不是太可惜了？

人生不是一路平坦順利，會經歷很多考驗，每個階段都可能面臨低潮，除了禱告之外，要想辦法並踏實地執行，然後帶著盼望堅持到底。為什麼頂尖的成功人士都很樂於分享他們的祕訣？不怕別人學會後被取而代之？因為絕大多數人只是聽聽而已，方法都懂，很少人起身去做。別人把鑰匙遞給你，但要不要打開眼前那扇門，最後還是由你自己決定。

\ 管他的，先來杯咖啡吧 / 心的練習題

試著寫出一個月計畫，等下一個月再來檢查自己完成了多少。

如果計畫的目標沒有達成，有任何改善的方式嗎？

沒有達到目標時，你的心情如何？

看到作者一步一步達成自己的目標，給你什麼樣的啟發？

Chapter 6

孤單

詩篇 68:6

上帝叫孤獨的有家，

使被囚的出來享福……

拆掉心牆

能夠樂於獨處又找到歸屬感，就不會是一座孤島，
而能與人融合並享受一個人的時間。

・我熟悉孤單的感覺，我也有玻璃心

近日做了一個夢，夢境朦朦朧朧不知道從哪裡開始，只確定回到青少年時期，正要去學校餐廳吃午餐。那是個微型社會實驗，你可以從哪些人坐一桌，看出他們是一派的；誰被同學排斥，總是獨自一人默默啃噬被孤立的滋味。而我這個轉學生就是沒有人理睬的獨行俠，心不在焉地邊吃邊想等下要做什麼……深深的寂寞感襲來，難以抵擋。

當牧師多年以來，獨處的時間不算多，平常也很少自己一人吃飯，就算沒有約朋友、同工聚餐，也一定和家人享受歡樂的同桌時光，為何會忽然做這個夢呢？我分析可能有兩個因素，第一是自我提醒：我很幸福，擁有家人朋友，但不要忘記很多人始終落單，上班、吃飯、睡覺、娛樂、看病……生活中幾乎全是獨來獨往，套句流行語，難免會感覺「孤單寂寞冷」。為什麼成立教會很重要？因為有些人真的孤立無援，他們並不是自願這樣，但擔心會被看低被排擠才寧可一個人行動，而教會提供一個地方，讓孤獨的人能有同伴，感受到溫暖。

第二個原因是潛意識反映出害怕孤單。從小個性古怪的我羞恥感如影隨形，防衛心十分強烈，一方面很怕別人發現我的毛病，一方面又矛盾地巴不得被人發現我的問題，然後還是喜歡我。所以孤單對我來說是種很熟悉的感受，深深埋藏在心底，時不時會跳出來，並不因為旁邊很多人陪伴或太忙碌沒空停下來想，就可以忽略掉這種心情。我想，就算再開朗的人應該也偶爾會倍感孤獨。

前陣子朋友辦了個活動，沒有邀請我，我發現以後有點難過，忍不住猜測是不是最近做了什麼或說話態度不好，惹別人不高興？他們是不是不喜歡我了？我努力地思索檢討，小時候那種怕被排擠的心情忽然一湧而上！難道當領導者就注定要忍受孤單？所謂的高處不勝寒？但我明明沒有變得獨裁專斷或高高在上啊？或許大家還是覺得我不在，他們玩得比較開心？

我不希望是這樣，既想知道原因又害怕結果會讓我更受傷，種種念頭讓我很不舒服，實在忍不住乾脆直接開口問主辦人。他很誠懇地解釋因為知道我那天有安排，但喬不出別的日子，才沒通知我，如果我可以參加大家都會很歡迎的。這才讓我釋懷。連身為牧師、天天在講述心靈問題的我都難免玻璃心，更何況是其他人？

・唯有主動，才能拆掉心牆

面對孤單是一輩子的課題，誰都不願時時刻刻感受這種情緒，而想要終結孤獨感的第一步是要花時間獨處，能夠接受自己、喜歡跟自己在一起，才能找到機會把心牆拆掉，讓自己跨出去，讓別人走進來。把牆拆掉並不簡單，但如果你不願意採取主動，沒有人能幫你。聖經裡講到有個人叫雅各，他跟爸爸、岳父都動不動就吵架，惹火周圍所有人。因為他不認識自己、討厭自己，連跟自己都無法和平相處，別人當然沒有機會親近，即使接近也會因為充滿負面情緒而迴避。

女兒剛上幼稚園時，我問她：「你今天成為誰的朋友？」開始她聽不懂，我解釋說不要等別人來接近你，看到有誰一個人、需要你陪伴，就去跟他說話。結交朋友不是被動地等人家來，而是要主動去建立。非洲有句俚語說：「如果你想跑得快就獨自衝，如果你想跑得遠就和別人一起。」必須主動找到同類的夥伴，釋出情誼，彼此有連結、共鳴和同理心，才會有豐富的人生。

能夠樂於獨處又找到歸屬感，就不會是一座孤島，而能與人融合並享受一個人的時間。孤獨感跟旁邊有沒有人完全沒關係，有些人不常跟親朋往來也沒有伴侶，看似孤零零卻很自在。真正最悲傷的狀況是在人群中仍覺得不被了解，不想跟任何人分享喜怒哀樂，徒具繁盛的形式，裡面卻空洞不真實，很容易陷入抑鬱焦慮的心理狀態。

多年前認識一個女生，她個性活潑，喜歡熱鬧，常呼朋引伴跑夜店。在那個快樂的場所，每個人都很 high，喝酒、跳舞、結識一票人，她長得很漂亮，更是呈現眾星拱月的形象，似乎每天都開開心心。沒想到有一次她很低落地說，好幾個夜晚，趕了幾攤回到家已經半夜三四點，照說應該累癱了，但她反而睡不著，坐在沙發上盯著一面白牆呆呆地發愣，懷疑今晚做了什麼？剛才的玩樂有什麼意義？繁華落盡的空虛是最寂寞的時刻。

・家不是「找來的」，是要「建立的」

每個人個性不同，不管是外放開朗或內向害羞，都是從很小就開始用各種方式與別人連結，但有多少人認識真正的你？可能連自己都越來越不認識自己了。神創造人就是要我們敞開心防，彼此真心相愛，但由於生物本能，大家也同時強烈地想保護自己，生怕被人利用傷害，所以當你能找到一個人，把全部自我裸露出來，不會感到自卑或恐懼，真正放下防衛的感覺是很難得的。

那種感覺通常會用「回家」來比喻，回到家就不用再築牆防備，回到家就可以把一塊塊磚拆下來，前提是感覺這個家安全，可以信靠、放鬆，可以盡情露出原始形象，勇敢做自己，不怕被嫌棄被論斷。英文有個字 kindness（仁慈），kind 原本的意思是種類，對人仁慈就是相信對方和自己是同類，能了解彼此的想法，這種共感使人與人連結，而敢於慢慢把心牆卸下，並進一步善待、疼惜彼此，這就是家的意義。如果沒有這種感受，就算是有血緣或夫妻也形同陌路。

青少年時期移民到加拿大，學習獨立當然很好，但總有種奇怪的感覺，就是學校的房間才是家，而週末回到多倫多的房子，感覺那是爸媽的家，不是我的，沒有歸屬感。有一次爸爸媽媽都在加拿大，忘記什麼事讓我氣沖沖地跟他們吵架：「這裡不是我的家，一點也沒家的感覺！」其實並非爸媽沒有給我溫暖，是由於那段時間我始終在寂寞、憂鬱裡掙扎，鑽進個人黑暗的象牙塔中，築起高牆不讓爸媽跨進來，停止學習當一個兒子，沒有對家庭付出心力，焦點全擺在自己身上，才會覺得家不像家，回家沒有安全感，根本是自己不願意與父母建立關係。

後來從加拿大到美國神學院，畢業後回到台灣，也有類似青少年到爸媽家的感覺，沒有什麼歸屬感。我愛台灣，但很多人覺得我不是土生土長的；而在加拿大，雖然也從沒有人排擠我，但我畢竟是移民者的身分。很多所謂的「第三文化小孩」會有一種處處是家但又無處是家的感受！我到底屬於哪裡、該去哪裡找我的家？建立教會後常講到這個主題，相信很多人都在找一個家。

有句話說「鄰居的草皮比較綠」，但哪裡的草皮最綠？其實是你有灌溉、澆水的地方。所以不是找誰來接納我，不是找哪個地方當我的家，把自己放在中心注定永遠找不到，家不是找來的，是要建立的，要有歸屬感就要自己去打造出來，不可能突然走進一個喜歡的空間就可以認定是家。

剛回台灣時還不明白這些事，對於未來也仍然充滿不安。那時認識了一位屬靈長輩，我告訴他想在台灣服事，希望他能給我一些建議。這位長輩就是靈糧堂的主任牧師周巽正，後來他不僅邀請我到靈糧堂工作，還不斷教導我很多觀念，帶給我許多啟發和影響，對周牧師我始終充滿了感激與尊敬之心，而他教我的第一課就是：「Don't live out the suitcase. Unpack your heart.」意思是去旅遊時，到了旅館房間裡不會立刻把所有衣物歸位，因為幾天後又要去別的地方玩，東西放在箱子裡隨時要走人較方便。未來計畫雖然很難說，或許還有很多變數，將來會待在台灣多久？誰也不知道。但不管是一年、十年、三十年都一樣，不能隨時想著要打包離開，而要把心安頓好，因為這裡不是旅館，這裡就是家。

這番語重心長的話在我心裡迴響著，於是，我開始建立我的家。

\ 管他的，先來杯咖啡吧 / 心的練習題

拆掉心牆，說出你的心牆是什麼？

家給你什麼感覺？為自己畫一幅家的未來圖。

有時候必須alone，
但不會永遠lonely——

如果你選擇排斥別人、逃避別人，拒絕溝通，一直找證據證明自己注定落單，就會越來越落入孤僻，甚至產生憂鬱的心理。

・每個人內心都有兩種聲音掙扎著

從小總用生氣表現傷心，幼稚園出遊不願排在隊伍的最後一個而嚎啕大哭，其實是怕被忽略。很多人傷心時可能會哭泣或討拍，但我不願顯露脆弱，覺得必須要很堅強，所以用反擊來武裝自己；被誤會時也不會解釋，不會向對方說明他可能誤解了，反而會挑釁並故意說自己就是這樣，內心則難過地想著：「你怎麼可以這樣想我？」

剛開始成立教會時，難免會遇到一些令我覺得不公平的狀況，甚至很明顯沒受到別人的尊重，雖然應該心平氣和地解決問題，我還是忍不住會大發脾氣，而心中真正的感覺是受傷。每當我挫敗受傷時，很多牧者和好友會打電話來關心，他們都表示了解我的感受，夥伴更是一面倒地挺我。這些溫暖讓我回復冷靜，所以一路走來一次次通過難關時，我深深感到身旁有一群很愛我的知己，他們了解我發脾氣的原因，他們接受、包容我的不理智，我在他們面前不必保持完美形象，畢竟牧師也會有情緒也會發火，而他們一直站在我這邊。

隨著歷練成長與堅定的信仰，遇到挑戰和不公不義時，理智通常占上風，能夠沉住氣面對，但偶爾難免失控，此時先跑出來的聲音是「這件事勢必我要一個人應付」，接著旁邊朋友的安慰鼓舞才提醒我不是孤軍奮戰，很多人會跟隨我。每個人都是這樣矛盾的，內心常常有兩個相反的聲音交錯浮現：一個說我是孤島，凡事只能靠自己；另一個說朋友們都支持信任我，我並不孤單。奇妙的是不管採信了哪個聲音，都可以找到很多證據來支撐我們選擇的結論。

・勇敢面對自己真正的感受

聖經中有位先知以利亞，他因為挑戰離棄神的巴力而覺得無助氣餒，跑去山洞躲起來，神告訴他還有很多人沒有向巴力跪拜，仍有很多屬靈同伴跟他同一陣線，但以利亞與外界隔離，不去完成使命，堅信只剩下自己孤單一人了。

如果你選擇排斥別人、逃避別人，拒絕溝通，一直找證據證明自己注定落單，就會越來越落入孤僻，甚至產生憂鬱的心理。這是很私密的情緒，可以瞞別人卻無法騙自己。很多人時時刻刻在社群媒體上展示生活細節，好像天天過得很精采，PO 一張照片一段文字有幾百個朋友按讚，實際狀況卻往往與表面相反。真正的關係雖然不一定必須面對面，但必須能敞開所有，包括快樂與憂傷、堅強與脆弱，炫耀著假象的美好只是想被關注，那道心牆還是築得嚴密無縫，沒有與人真實連結，也無法感受到被愛被接納，結果更是寂寞。還有些人在網上大肆宣洩負面情緒，那也並非有安全感、願意秀出真實面，而是他們可能沒有能傾訴的對象，怕被排斥論斷，只能把私密的憤恨或哀愁全倒給陌生人，也根本不知道誰在接受這些訊息，像把一桶油漆往天空灑，或許被淋到的人其中有幾個能理解，可惜通常不會有好的回應。人生可以非常淒涼也可以充滿愛與溫暖，可以很空虛也可以很豐美有意義，就看你相信哪一邊、選擇追尋哪個方向。

・你不是客人，是家人

回台灣一年多時，在靈糧堂的國際部服事，除了分內的責任，我也積極地打造一個「家」——一個讓許多寂寞的心靈能卸下防備的家。我開始觀察落單的人或新朋友，邀請他們來我家聚會。他們很多從外國來的，有些是拉丁美洲的學生來學中文，其中有一位結識十年以上，現在已經在念研究所了，還在當我們教會的音控。當年他從宏都拉斯來，一句中文都不會，在師大語言中心念中文，我找他來家裡做功課，陪著他學習。

另外，我特別在家具店買一張可以外拉延伸的大長方餐桌，每年的感恩節、聖誕節邀請很多朋友來吃飯，我的拿手菜是媽媽教的那道烤雞，在雞身裡塞糯米或炒飯，吃過的人都很稱讚。平常日子也會和教會小組、同工夥伴或新朋友們一起在桌上玩桌遊，後來搬家時把桌子送給一個來自瓜地馬拉的牧師，我跟他說過去有好多關係是透過這張桌子連結起來的，希望他也能繼續下去。

就這樣，「後天家人」越來越多，有時候一大群人半夜一起看世足賽超級盃，天氣好時在後院 BBQ，我買了個戶外大烤爐煎牛排。每次聚餐我都要大家一起分工，有些人提早來準備食物，有些人切菜烹調，有些人負責洗碗打掃。剛開始 Peggy 說不好意思麻煩客人做這些，但他們不是客人，是家人，正如同我常強調的不是「找到」家，而是每個人都貢獻一份心力，一起建立起家。

我從國外回來沒多久，對新環境仍然滿陌生，這些新友伴更是舉目無親，所以都非常喜歡到我家聚會。我們是一群同類的人，感情融洽，慢慢一步步累積起牢固的情誼。除了擴展人際關係，也能和各國來的人分享經歷，視野隨著擴大。我不是宴客，是讓大家同樂、學習、真正相處生活，形式很隨興，人人卸下心牆坦誠相對；我不是討好旁人，這不是裝模作樣的社交場合，而是享受在一起的親密時光。

世界可以是孤單的，也可以是有交集、快樂的，就像教會裡沒有血緣的弟兄姊妹卻擁有綿長的情感，延續一輩子。真心希望大家都用這種方式建立起一個個家，使寂寞的人有歸屬感，同類的人彼此相依互助。Peggy 的媽媽曾跟我說：「有些路必須一人走，獨自是難免的；但也有些路上擁有許多夥伴陪同，不會永遠孤零零的。」人生路的確如此，有時候單槍匹馬，有時候與人共度，而無論是哪一種路途，無論旅程多漫長多艱辛，相信我們都可以充滿希望，走向精采美麗的目的地。

心的練習題

◤ 很私密的情緒，可以瞞得了別人，卻騙不了自己。你都用什麼方式來表達自己的私密情緒？

◤ 計算一下，一天下來，你說了幾次謊？

人生可以空虛，也可以豐美有盼望。你想選擇哪一邊？你該怎麼做？

「後天家人」這個概念你喜歡嗎？你如何創造更多的「後天家人」？

Chapter 7

夢想

創世紀 37:19

彼此說：

「你看！那做夢的來了。」

世界不欠你一個夢想

我也有夢想，但始終謹記著永遠要以幫助別人完成夢想為優先，成立教會也是秉持著這樣的想法。

・牧師的盲點，以我為中心？

三十歲生日是一個值得期待的階段，在我心中，男孩子到了三十歲後才逐漸成熟為男人。耶穌也是三十歲開始服事，所以在我二十幾歲時，相信自己到三十歲時能成為更有智慧的牧者。

轉眼已經將近十年前了，那天終於盼到了三十歲生日，起床後精神抖擻地去固定的店吃早午餐，一進門竟然全是靈糧堂的弟兄姊妹們，總共有三四十人齊聲大喊：「Happy birthday!」原來是Peggy安排的surprise party，我開心得不得了，跟每個人道謝、聊天，大家一起享用美食，溫馨歡樂的氣氛瀰漫滿屋……直到發現一個女生朋友愁眉苦臉的顯得很格格不入，原因是她懷疑前男友另結新歡才跟她分手，被背叛的感覺氣得她說想找人去砍那渣男。我當然立即勸阻，她的本性很善良，絕不是這種人，只是人在傷痛時會覺得沒有出路，很容易做出極端的選擇，但其實再大的關卡都仍有很多可能性，只是一時爆發的情緒讓思考空間變得很狹窄。

在勸解她的時候，我忽然有點不高興——今天是我的生日派對，大家在為我慶祝，不是應該開心玩樂就好了嗎？怎麼變成我要耗費心神，擔心她做傻事，努力說服她冷靜下來？本來高高興興的，現在卻要一起承擔她的愁雲慘霧？焦點應該回到我身上吧！

念頭剛起，立刻感到神在對我說：「你不是一直想在三十歲以後進入更成熟的階段，事奉神與眾人嗎？」真的是當頭棒喝！焦點本來就不該在我身上，如果能幫助這位痛苦的朋友、帶她往正確的方向，是神賜予我的恩寵，怎麼卻在這裡小心眼地想著要大家陪我玩鬧，以我為中心？

我忽略了當牧師的核心理念，畢竟平時一上台所有人都聽我講道，開會的結論通常也是以我的意見為主，往往會以自己為主角，但這樣無法真正建立一個完善的組織。不只是偉大的教會，企業也是如此，以 NIKE 九〇年代的廣告為例，以前賣東西是把商品的優點秀出來，但他們打破慣例想法，把焦點放在運動員身上，因為他們發現商品不是最重要的，重複講 NIKE 多麼厲害，不如強調運動員穿上 NIKE 球鞋可以表現出驚人的才華。這一波宣傳大大成功，因為感受到 NIKE 幫助運動員完成夢想這樣充滿願景、激勵人心的一面，讓顧客起了共鳴的心理。

蘋果也是這樣讓人眼睛一亮，從黑膠唱片、錄音帶、CD 到 MP3，二十多年前還沒有智慧手機時，大家聽音樂是用數位播放器。iPod 是蘋果除了電腦以外設計的第一款 3C 產品，這種可攜式音樂播放器並非他們首創，但卻讓蘋果這個品牌爆紅，風行全球。因為其他各家只強調功能性，炫出容量可以達 256GB 等等數據，但多數的消費者並不了解其意義；而史帝夫・賈伯斯只用一句話「一千首歌在你口袋裡」就清清楚楚顯示出產品的訴求訊息，直接點出使用者的感受與需求，用顧客的語言創造出產品的價值，再加上獨特的設計包裝風格更讓人覺得使用蘋果等同於有創意、走在時代尖端。

‧ 你會勇敢幫別人完成夢想嗎？

常跟團隊說「我們不是英雄，我們是導遊」，這是美國一位打造品牌專家的名言。每個人都會在人生路上遇到困難險阻，受到電影、小說的影響，大家通常都會把自己設定成闖關者，慢慢有所成長，變成更懂得愛、心胸更寬廣的英雄。在整段旅程中，英雄一定會遇到很多人事物阻撓，需要別人幫助，所以偉大的教會不能也想著要當主角，而該站在闖關者身旁說：「嘿，我在跟隨神的過程中學到一些智慧和知識，讓我來幫你一把。」神道成肉身是要服事人，而不是高高在上，聖經強調耶穌走到世間，成為我們的一分子，以僕人的角色來領導眾人。教會也是如此，我們要引導大家走上光明的路，從旁協助大家追求夢想。

幫別人完成夢想是現今世界缺乏的精神，這是件很有力量的事情。《創世紀》裡講到約瑟這個人從小很善於做夢，他的夢全是神給的異象。由於父親特別疼愛約瑟，哥哥因嫉妒把他賣為奴隸，後來還蒙冤被關入監獄。在獄中約瑟認識兩個得罪法老王的臣子，他們都做了奇異的夢而愁容滿面，約瑟試著幫他們解夢，並說其中一個會馬上被釋放，而另一個會被斬首，沒多久都一一應驗了。被放出去的臣子回到法老王旁服侍，有一天法老王夢到七隻肥壯的母牛從河裡走上來，隨後又有七隻乾瘦的母牛，他百思不得其解，這時那位臣子想起以前在牢中的少年，於是建議法老王讓約瑟來解夢。約瑟聽了法老王的夢，表示神已將所要做的事指示得很清楚了，接下來會有七年豐收和七年旱災，所以要趁豐年儲存足夠的糧食，結果完全準確。法老王非常滿意，決定命約瑟做首相。

約瑟為何能從奴隸、囚犯，變成一國首相？他被關在監獄照說應該是最絕望的境地，所有出路都被關死，但這是神的試煉，而約瑟從心心念念著自己的夢變成解析法老王的夢，讓他理解小時候夢到眾人向他跪拜，不是要他去當王管轄別人，而是要輔佐法老王，成為埃及人民的拯救者，讓整個國家平安，也成就了自我。

世界不欠你一個夢想，沒有人理所當然要幫你美夢成真。很多勵志書籍教導我們要勇敢追求夢想，問題是世界上的人何其多，如果每個人都以自己為主角，別人求援時漠不關心，希望全宇宙優先來幫自己達成目標，難免落入過於自私的想法。

‧ 想追夢，就從幫人逐夢開始

我也有夢想，但始終謹記著永遠要以幫助別人完成夢想為優先，成立教會也是秉持著這樣的想法。二〇一八年初，我和幾位志同道合的朋友舉辦很多場說明會，跟大家分享我們的理念，並詢問有沒有人感興趣，想不想參與一起服事，來這個團隊可以負責哪部分工作等細節。在六月時公開 The Hope 這個新的教會，整個團隊的同工們不受限原本的邏輯或想法，充滿行動力並發揮創意，吸引了很多人來參加；又由於網路世代，做出價值的事很快會被散播出去，第一個禮拜就有四百人來。我訂下的目標是每個城市有百分之一的人來，台北市有兩百八十萬人，希望有兩萬八千人在 The Hope 認識耶穌。我們不會想要贏得每個人，那樣反而可能全都失去，就像沒有任何一家餐廳或任何一個品牌可以讓所有人喜歡，也不可能有一個適合所有人的教會，只要堅守風格與理念，相信會有越來越多弟兄姊妹在此找到盼望與歸屬。就這樣兢兢業業地，The Hope 從兩年前約四至五百人的聚會，現在已累積到一千五百人了，網上在一週內也將近有一萬人點閱。未來的圖像很巨大，所有人心手相連參與其中，慢慢編織出美麗的夢。

雖然草創期興旺得讓我驚訝，但經費始終吃緊，一個月收到的奉獻只有十幾萬，我還開玩笑要同事找別的工作賺錢，或搬來住我家省點房租。這時我打算辦個募款活動，但並不是為教會解決財務問題，而是幫「夢想之家」這個機構募款，扶持弱勢家庭的學童。如前面所說的，雖然我們很缺錢，但仍要以更需要的人為優先。

接著我想要為教會找新的聚會地點，需要準備大筆資金，但在找新家的過程裡聽見神提醒我暫停，先奉獻出一百萬給需要的人。我一有這種感覺立刻告訴 Peggy，以免自己懷疑神的指示，而她的慷慨和信心讓我堅定地在會議上宣布這件事。等到籌足一百萬時，全體興奮地討論要捐給哪些團體，滿滿的幸福感足以蓋過現實壓力的擔憂。

達成目標的路上不要吝於助旁人一臂之力，想追夢就從幫別人築夢開始，把服事別人的需要放在顧自己前面。「施比受更有福」不是一句口號，因為當你努力為別人付出，並把重擔交託給神，很奇妙的，一切難題終將妥善解決。這就是 The Hope 一路走來的體驗。

\ 管他的，先來杯咖啡吧 / 心的練習題

「我們不是英雄，我們是導遊」，這個概念是幫助別人完成夢想。你有過這樣的經驗？

把別人的需要放在自己面前。也就是「施比受更有福」，你贊同這個說法嗎？為什麼贊成？為什麼不贊成？

看見盼望，得著歸屬

我傳福音時都會問對方會不會覺得生命可以更豐盛，
經歷更真實的東西，找出更多意義與動力？

・有沒有盼望，想不想改變生命？

回憶過往憂鬱症纏身的日子，滿腦子想的全是負面念頭，覺得不管再怎麼努力人生都不會改變，只是毫無意義地苟活在黑暗的角落。直到遇見神，從絕望的一灘死水變成充滿活力的泉源，興奮地盼望著未來。這段經歷讓我對 hope 這個字很有感覺，教會也因此取名為 The Hope。考量到如果使用很宗教性的名稱，非教徒會覺得與自己無關、神離自己太遙遠，甚至搞不清楚那是什麼樣的地方；所以選擇一個很簡單的英文字，除了讓大家比較有親近感，意思也相當明確易懂——我們想引領大家認識耶穌後看見生命的盼望，即使有些人覺得不需要神，但所有人都需要盼望。

〈歌羅西書〉中有一句話：「基督在你們心裡，成了有榮耀的盼望。」（Christ in you, The Hope of glory.）這就是信仰的奧祕，講到信耶穌，或許很多人無法理解我們想傳達的意念，但你有沒有盼望、想不想讓生命改變？應該是絕大多數人的想望。其實剛開始還沒有想到取名字這件事，我們主要是在討論要成立什麼樣的教會？什麼是我們的核心理念？從來沒有覺得 The Hope 多麼完美或比別的教會更優秀，宣揚福音絕對不是比賽，只是單純地覺得台灣可以有一間不太一樣的教會，想讓還沒有信仰的人更容易親近神。另外，所有的教會都相信神，但好像比較不太強調信任人，我們想要幫助每個人挖掘出價值，讓大家可以一起參與，嘗試在這間教會實現自我。

・想一想，你和神之間

很多朋友接觸基督教是按照一定程序：先從做主日禮拜開始，接著上幾堂課程，決定受洗，最後加入同工的行列……但 The Hope 想要打破這個規則，我們仍會持續教導你怎麼跟隨神，但有些人暫時還沒辦法接受，或只是湊湊熱鬧、打發時間，無法成為自己的信仰，但只要想參與其中的人都很歡迎。有些夥伴本來只是幫忙籌備各種工作的細節，跟團隊相處一陣子以後才想要受洗，因為感覺到被當作教會這個家庭的一分子，而不是傳教的對象，他們很真切地受到感動，決定要認識耶穌。

The Hope 想帶那些原本跟教會沒有連結的人進來，即使他們還不想認識神，只是來這裡工作、交朋友等等，但因此讓生活找到盼望，而能感受到我們想傳遞的訊息，也就是不需要完全按著標準的程序進行，不必先全部買單才能融入這裡，直接實際地參與活動、為大眾服事，再從中體驗生命的改變。

每個人跟神之間都會寫出不一樣的故事，但共同點是慢慢地經歷一切，從陌生到了解，最終能把生命交給神。如果把人生以一本書的內容打比方，可能很多人的第一章起源於課程，第二章是受洗，第三章是參與服事；但有的人第一章是服事，第二章經過融入了解，第三章才受洗；也或者有很多人是第一章剛出生到世上就受洗了。就像交朋友一樣，通常是從學校或職場初見面，後來約出來喝咖啡、吃飯、一起出去玩，但也有人一見面立刻結為知己，不會只有一種形式或非要按照固定的 SOP。每個人成長的過程與方式不同，速度與進展不同，特質與恩賜也不同，但希望都能透過 The Hope 建立關係，發現信仰的奧祕，不斷前進到下一階段，領受與神同行的喜樂。

・生命的歸屬感

至於 The Hope 主要的核心理念是什麼呢？第一、看到盼望；第二、得到歸屬感。希望大家能透過盼望認識神，而不是透過罪惡或很強制地被要求一定要接受跟基督徒一樣的想法。我傳福音時都會問對方會不會覺得生命可以更豐盛，經歷更真實的東西，找出更多意義與動力？還是覺得未來就維持現況也很好？如果對方說他覺得對餘生別無念想，而且對人生各層面感到很滿足，我應該不會再繼續講下去，因為沒有什麼幫助，對方也聽不進去。但如果對方覺得過得很空虛，想讓生命更有價值，我就會幫助他從認識神開始，這就是生命的源頭。我想幫助人們對未來有更好的看見、更大的期待、更多想像空間，一起追尋更美好的圖片。

而歸屬感是因為從小覺得孤單、不被人重視、沒有存在感，又不敢跨出心牆，貶低自己是個怪胎……相信很多人也會經歷到這般掙扎。來到教會能找到一席之地，每個人都有專屬的位子，可以參與、付出，也感到被真心關懷，體驗到生命的歸屬感就像心裡的燈被點亮了，對存活產生價值感就會過得更快樂，期待完成不一樣的成績與夢想。

從孤單絕望的憂鬱症患者到服事神引導人的牧者，信仰帶給我巨大的改變。誠摯地希望所有尋找盼望與歸屬的人都一起來教會，並在這裡獲得溫暖與收穫，而不是聽一場表演後獨自默默離開，出門立刻忘光光。因為我們不只是想要讓更多人看見 The Hope，也想讓所有人感覺到被 The Hope 看見，兩者是並行的雙向關係，不是只有你注意到我們，我們也認識你了。

\ 管他的，先來杯咖啡吧 / **心的練習題**

你會想改變現狀嗎？想改變最大的挑戰在哪裡？

善用手上擁有的

想要的和擁有的不盡相同，應該先問問自己手中已經擁有的是什麼？能不能善加利用？還是動不動抱怨，挑三揀四，嫌神給的不夠？

‧「不可能」結果都變成了「可能」

講到教會，大家會想起什麼樣的畫面？莊嚴華麗，充滿神聖氛圍的教堂？布置溫馨，傳出溫暖歌聲的小屋？我也想過各種樣子的教會，但怎麼也沒想到我們竟然會在一間東區的知名夜店「出生」——夜晚是 OMNI，擠滿人潮的時尚地，週日早上卻搖身一變，成為 The Hope 教會。

起因是先前辦活動時認識一位經營夜店的老闆，他認識了神，很想要有所貢獻，就提出建議讓我們使用那裡聚會。乍聽之下感覺很衝突，畢竟夜店給人一種浮華喧鬧、紙醉金迷的印象，而教會是著重心靈提升、追隨光與神。但草創期經費不足，而老闆提供很優惠的租金，根本是天上掉下來的禮物，我非常感激地接受他的慷慨，The Hope 就這樣開啟大門了。

有一個朋友來參加過主日後，問我是不是晚上租給夜店使用？我跟他說明原委，他才恍然大悟說難怪教會設計得那麼「奇特」！有人會猜想選擇夜店是不是想吸引年輕人或標新立異，但我認為地點不是重要的，最主要是來參與的人，建築物只是個被使用的空間，是為了人存在、齊聚在一起的地方，所以即使是巴洛克式大教堂，如果沒有人進去，對於信仰就形同無意義，地點從來都不是問題。

教會並不是所有人「必然」會去的場所，所以我常祈禱除了本來就想接觸基督教的來到 The Hope 一探究竟，還有很多人是搞不清楚狀況、卻莫名其妙地就跑來參加的人，結果還真的發生了很多奇妙的事。有人從新加坡來出差，住在東區的旅館，週六晚上去 OMNI 狂歡，第二天早上起床，心中響起一個聲音要他再去一趟，他很納悶大白天幹嘛去夜店？但好奇心使他決定去一探究竟，沒想到很多人聚集在那裡，他以為在辦活動就進去坐在台下，忽然發現朋友的太太在台上，就傳簡訊問朋友：「你的教會在夜店嗎？我看到你太太。」並拍了一張照片傳給朋友，朋友一看照片的視角不就在身後嗎？一轉頭，兩人眼光正對著！整個過程看似巧合，卻又像是神的安排。

還有的人是前晚喝醉睡倒路邊、或第二天來找遺失在夜店的物品，我們就會一個個邀請他們進來聽講道，越來越多原本不可能踏進教會的人共襄盛舉，而且來過都感覺很愉快又有收穫，就會繼續參與並口耳相傳，每週都有五十到一百個新朋友加入。夜店和教會這兩個吸引截然不同對象的聚點很巧妙地結合了，讓更多人有機會接觸到神。

‧ 不要忽視你手中現在擁有的東西

當然，坐落在如此「奇特」之處難免被某些人責罵，覺得教會怎麼可以在這麼不屬神的娛樂場所？或是一聽到地點就不願意來，質疑的聲音始終不斷。事實上，使用夜店有很多麻煩：第一、這裡不能隨時使用；第二、開會辦公的空間很狹小；第三、前夜留下的氣味和垃圾需要耗費很大的工夫清理，才能讓大家有舒服的場所靜下心來作禮拜。所以我們絕對不是刻意選擇夜店，甚至還會因此失去某些想法較保守的教友，或有些家庭覺得不適合帶小孩來，種種因素顯示這裡並不完美，但目前就是最理想的地方，即便有一些小缺點仍覺得很滿足並且懷著感恩之心。

想要的和擁有的不盡相同，應該先問問自己手中已經擁有的是什麼？能不能善加利用？還是動不動抱怨，挑三揀四，嫌神給的不夠？分開紅海前，摩西也以為手上拿的只是一根普通的拐杖！人很容易忽視掉在手中現有的一切，總覺得已經有的不足夠或沒用處，如果不懂得去發掘並運用擁有的事物，不切實際、好高騖遠，根本沒有開始就停下來，怎麼可能得到你想要的未來。忘記自己的條件，忘記奮鬥的初心，只把焦點放在遙不可及的圖像，夢想當然永遠只是個幻影。

‧ 一個很棒的神蹟

原本我也不曾想過 The Hope 的第一個家在夜店，但正巧朋友願意借出場所，讓我們得以節省一大筆開銷，整個團隊樂於打破傳統思維，充分運用既有的資源，不必介意他人的懷疑和挑戰。我們可以在這個奇特的場地聚會，並看到人的生命改變，這個意義才是最美好的。讓我印象最深刻的是媽媽邀請阿嬤來參加主日，我在台上講道完問誰要接受耶穌，沒想到阿嬤也堅定地把手舉起來。我當場忍不住激動地落淚，後來還去家裡幫她受洗，這就是神在美麗的 OMNI 做的事，所以就算有攻擊的言論也不會使我卻步。

兩年後，隨著參加的人數越來越多，空間已經漸漸不足以容納，又很幸運地找到更適合的場地，所以決定要搬遷了。在夜店的最後一個禮拜天，我帶著依依不捨的心情寫信感謝這個空間。

親愛的 OMNI：

兩年前有個奇蹟發生了，一小群人夢想要成立一個教會，並勇敢地相信台北市會有百分之一的人因為我們而認識神。我們有很大的熱誠，但存款很少、資源不夠，甚至沒有場地可以聚集，而你成為奇蹟，讓我們每個禮拜天可以在這裡宣講神的話語，並看到三四百個人來參加。

過去這些年，我們一起寫許多故事，記得有回前一夜是萬聖節，很多殭屍面具、巫師帽之類的道具遺留滿場，卻只剩下一小時打掃！雖然要花很多心思去處理，但你是值得的，你或許不完美，但你成為我們的神蹟，我相信這就是 The Hope 的精神。

每個人有自己的歷史和包袱，但也都可以在神的手中完成奇蹟。兩千多年前，耶穌出生在髒亂的馬槽裡，我猜神喜歡在最讓人驚訝的地方出現。OMNI，你讓我們看到神每個禮拜在這裡出現，所以我們要跟你說謝謝。謝謝你成為我們的家，謝謝你給我們的記憶和神蹟，讓我們記得自己是誰：我們是一個願意去做不可能的事情的教會，我們是願意面對很多混亂的教會，我們是一個相信人是值得的教會。

對我來說，OMNI 使 The Hope 成為具有特色的教會，這裡儘管不完美，但是卻成為一個很棒的神蹟。我們每個人也都是如此，或許有很多瑕疵，但充滿個性、有很多可能，並帶著盼望繼續前往更美好的境界。

迎接夢想時，挑戰才開始

人生中要有恐懼感才能保持警醒，但不能忘記終點在哪裡，只為了閃避危險或不想走錯路，小心翼翼以致寸步難移，最後踩煞車停止在原點，豈不白白浪費了前面費盡辛苦的路程！

・神的祝福太不公平了？

你是否曾經懷抱某一個夢想，進行的中途卻不斷挫敗，漸漸覺得不可能實現，乾脆趁早取消計畫？至於未來會不會後悔、到底問題點出在哪裡都無所謂，放棄的原因或許有百百種，總之就是不願堅持、不想努力了。

成立 The Hope 以來，我也曾經歷很多困難，甚至發生很多意想不到的事，令人倍感憂慮、沮喪、憤怒，但始終不曾想過放棄，因為我相信這是必經的過程，越接近夢想的目標越要堅定信念，而阻擾我們的，事後想想往往只是微不足道的瑣事。

前陣子發現很多人關注我們教會，大概由於都投入在工作中，沒有仔細注意外界的評論。所謂「樹大招風」，總覺得我們還是「幼苗」，沒有人會在乎的，所以當朋友告知有人在社群媒體上批評 The Hope 時，我覺得非常訝異！對方還列舉出我們的種種問題，直接呼籲教友不要參加我們的教會，但事實上他完全誤解了，沒有先經過求證就這樣公開抨擊，讓我覺得既委屈又火大，很想寫一大篇澄清文，做出強烈的反擊，質問對方的用心。遇到網路酸民或許可以一笑置之，但這種堂而皇之的謬誤指控，實在令人忍無可忍！

幸好，我忍住了。這就是所謂的瑣事，不能因此立刻自亂陣腳，放棄正確的核心理念。更不該被影響到情緒爆發，萬一演變成兩邊打筆仗、互相挑釁對罵，就落入了惡魔的陷阱。偏偏遇到被冤枉時，當下很難心平氣和，畢竟它造成巨大的「雜音」，讓我們消沉、生氣、犯錯，搞到最後本來沒事都鬧成大事了。

在人生路上會遇到很多這種可怕的瑣事、雜音，如果你只忙著處理不需理會的瑣事，一一回應每個雜音，目標與方向一定會混亂，再想把焦點拉回來可能就很困難。所以當我火冒三丈、幾乎快失控時，第一個念頭是先去禱告，聆聽神的指示。在頭腦一片紛亂時，聽到祂說：「你不是生氣而是受傷，你要去面對。」我大叫大嚷：「這不公平！明明是莫須有的罪名，他怎麼可以亂講？難道我不能說明嗎？」神說：「對，這不公平，你真的想要公平嗎？」這個問題讓我冷靜下來思考，對啊！一個教會才兩歲多就有這麼好的聚會場地和諸多資源，從幾百人成長到上千人……神一直非常不公平，祂對 The Hope 的祝福實在太不公平了！

‧ 一起往美好的應許之地

世間有很多事是不公平的，耶穌為人類的罪被釘在十字架上難道公平嗎？遇到不公平不合理的對待與批評，不必怨懟憤恨，應該要相信神，懷著一顆謙卑的心繼續往前走，並從中學習，記取教訓。想明白以後，我沉靜地翻開《聖經》，〈哥林多前書〉一句話跳出來，像神特別指出來要我細讀：「人應當以我們為基督的執事，為上帝奧祕事的管家。所求於管家的，是要他有忠心。我被你們論斷，或被別人論斷，我都以為極小的事；連我自己也不論斷自己。我雖不覺得自己有錯，卻也不能因此得以稱義；但判斷我的乃是主。」

彷彿醍醐灌頂，我的心更澄澈了，因為得到了最完整的答案。神在問的不是別人怎麼論斷我，而是我有沒有忠心，每個人的言論或許都可以教導我們，要謙卑地思考、學習、改進，不能因為一時情緒化，亂了腳步帶領大家走向錯誤的方向。隨時要面對各種外界的疑問，反擊只會建立一個天天在擴張領土、想贏得短暫勝利的怪獸。The Hope 要凝聚所有人，轉化整個國家，而不是讓一點點瑣事演變成互相傷害的戰爭。

我們也不會因為在意對方的攻擊，變得退縮來討好眾人，既然做的是正確的事就無所畏懼。領袖要做的不是被所有人喜愛，不是方方面面打點得很周全，而是要帶領大家往好的方向改變。有人愛戴你、跟隨你，就勢必會有人對你不以為然，如果領頭羊企圖迎合全體，生怕有一點點反對的聲音，那什麼都做不成了。必須做好心理準備：把眾人帶往一個美好的應許之地，過程一定充滿各種險阻難關，隨時都可能被唱衰被反對，畢竟難免會出現與原先想像的落差。下判斷、做決定是領導者扮演的角色，不能被各種雜音動搖，才能始終守住信念，繼續實現夢想的圖像。受委屈當然覺得很心酸，但達成重要的使命遠勝過一己的情感。

・勿忘初心，聽見內心的雜音

除了外界四面八方的挑戰，內在也會產生干擾的聲音，其實真正最難抵擋的雜音都是來自自己的。如果獲得一些成就與讚賞後，忍不住飄飄然地走偏了，跟原本追求和看重的事物產生偏差，最後很容易一不小心迷途難返。怎樣才能勿忘初心、去除內在的雜音是每個人都會遇到的磨練，外在的酸言酸語或許相對地比較容易克服，有些人為了向別人證明自我，還因此更有力量；但如果反覆勸自己不要再掙扎，乖乖投降放棄，真的很難再爬起來。因此我跟同工常常彼此提醒不能牴觸團隊的價值觀，要守住一路走來的核心理念，藉著互相加油打氣的話語避免軟弱或迷失，才能看到美麗的未來。

・保持警醒，終點才是焦點

隨著教會越來越成長，雖然很清楚最重要的是神的呼召，不能忘記要讓大家來教會得到盼望這個任務，但各種大大小小的問題千頭萬緒，老實說，我的內心也產生過很大聲的雜音，擔心能力不足以管理這個一兩年內增長到一千多人的教會。有時候忽然背脊發涼，想到小時候連班長都沒當過，現在要帶的人數居然比整個學校還多！接受考驗、承擔責任充滿壓力和興奮，卻也夾帶著小小的恐懼，懷疑自己到底能不能應付。

幸運的是，正如前面所說夥伴們總會互相扶持，The Hope 讓我看見，不只是我一人、而是整個團隊共同合作在打造這個家，使這個家越來越成長茁壯。很多計畫我不需事必躬親，同事們想得更好更完整，這也是我們教會強調的特點：對人信任，當我們被信任時，會發揮出最大的能量而成為彼此的幫手。所以我能很快地平息恐懼，把心中的雜音關小聲，勇敢面對前方。

用一個很貼切的比喻，這種情形就像在開車。開車上路時，一方面要注意前往目的地的路線，一方面也要觀察旁邊有沒有危險的突發狀況。但如果一直只注意左邊的機車會不會撞過來、右邊有沒有人闖紅燈……將永遠無法到達目的地。當然也不能完全死盯著前方，不管周圍的狀況猛踩油門，仍然要留意前後左右的車輛和各種指標燈號。所以有恐懼沒關係，不是要讓恐懼消失，而是不讓它成為焦點。

人生中要有恐懼感才能保持警醒，但不能忘記終點在哪裡，只為了閃避危險或不想走錯路，小心翼翼以致寸步難移，最後踩煞車停止在原點，豈不白白浪費了前面費盡辛苦的路程！千萬不要被外面亂七八糟的雜音吸走，更不能被自己幻想的恐懼擊倒，就算不小心迷路、陷入僵局，趕緊把最初的夢想那個聲音開到最大聲，回想自己為什麼要完成這件事，對準主要的焦點，重新導航，目標可能在前方不遠處，或許再幾步就到了。

\ 管他的，先來杯咖啡吧 / 心的練習題

想要的和擁有的不盡相同，你現在擁有什麼？你認為自己有善加利用？

你曾經想過神給你的最大神蹟是什麼嗎？

帶著問題的應許

我默默告訴自己必須有信心，不能要求神為我們做什麼，不能逼祂要給我們什麼應許，而是透過禱告，把生命中挪出更多空間，不斷順服神、聽神的聲音，把小我的話語收起來，留出空間讓神來做事。

・留出空間給神

以夜店 OMNI 為家一年多以後，有個夜晚我做了一場夢，夢中我在台上講道、和大家閉著眼睛禱告，睜開眼睛時卻看到一堆小孩子爬上露台、吊燈、旋轉樓梯，馬上就要摔下來了，嚇得我膽戰心驚！再次睜開眼睛，慶幸只是場惡夢。很明顯地，夢境的焦慮情緒投射出潛意識，再加上來教會的人越來越多，這個空間已經無法容納，所以必須另外找更適合的場地。

那時是二〇一九年初，初步估算搬新家要花三千萬，執事會問我預計多久籌募到這個數字，他們建議先訂出一個日期。其實本來我不願意設定，打算就慢慢進行，因為曾讀過一本投資家寫的書《原則》，內容提到每項工作花的時間、金錢都會比你預估的多一點三到一點五倍，照這樣推算，如果設定了一年卻延到超過一年半都還沒達成，豈不是慘敗？但經驗豐富的執事會說最好訂出時間點，大家才會較積極去推動，也才有具體目標，順其自然可能會拖很久。這更不是我所樂見，只好想著失敗也無妨，於是猶豫了一下，說：「嗯，那麼就先預計到八月要有兩千萬，年底達成總金額吧。」話一出口，頓時倍感壓力沉重，忍不住覺得不太可能實現。

我默默告訴自己必須有信心，不能要求神為我們做什麼，不能逼祂要給我們什麼應許，而是透過禱告，把生命中挪出更多空間，不斷順服神、聽神的聲音，把小我的話語收起來，留出空間讓神來做事。

聖經裡有個故事，一名女子把等同於一年工資的整瓶香膏全部倒在耶穌面前，那時就想著有一天也要這樣做。於是決定以身作則，把一年的薪水捐出來，希望同工和教友也都能響應。

結果大家的熱情遠遠超過我的想像。有人本來決定要買車，連款式都看好了，聽到建堂計畫就立刻決定把買車的錢全奉獻出來；還有一對情侶正巧想結婚，就掏出訂婚戒指的錢；工作十年、一直打算買一只手錶犒賞自己的小資女，也毫不猶豫把辛苦積攢的錢全捐出來；更不要說許多人固定每個月省下的，或是很多小朋友把零用錢也拿出來……重點不是數字的多寡，而是大家都像倒出香膏的女子般傾囊相授。在如此多人虔誠、熱血、慷慨的協助下，超前在年中就達到設定的金額。

‧ 總有一天得到更多

緊接著迫不及待地找租屋仲介，簡直是採地毯式搜索台北市各個可能的地點，交通、大小、租金、環境種種問題都要考慮，比想像中更艱難得多。我雖不曾想放棄，但難免充滿失落與焦慮，有時候會氣餒地想：都已經快把台北掀了，難道應許地還要等待很久很久？這段期間，我常常看一段 YouTube 影片，那是一位美國牧師講他們當時找建堂場地的曲折過程，我看了大受鼓舞，於是反覆地重看，藉此給自己信心。每次他講到結局，我明明連下一句台詞都背得出來，但仍會打從心底跟著歡呼。神教導我們要歡慶別人的成功，聽別人見證所經歷的恩寵正好也是你想望的，能不能不嫉妒別人所擁有？能不能真心祝福？或者只怨懟神怎麼不給自己？我始終相信沒有私心地努力幫助別人，總有一天會得到更多。很多事沒有想像的這麼簡單、一直線順順達成，中間的曲折可能感覺偏離導航般令人心慌，但遲早會抵達目的地。

後來好不容易地找到一個很理想的場地，是某集團新蓋的辦公大樓其中一層，透過仲介找到集團經理洽談，那位經理說他來過 The Hope，還秀出手機裡的照片，表示一定幫我們跟老闆商量降低租金。我心裡放下一塊大石頭，想著經理這麼喜歡我們教會，一定是神的安排，絕對沒問題的。

眼看天時地利人和一切順遂，終於找到理想的家，我們準備和早已經找好的裝潢公司討論細節，甚至還初步測量了尺寸，畫好平面設計圖。我開始構思聚會、上班等等細節：安排各種活動的動線、同工上班時可以望出去的視野、這裡可以放設備、那裡可以讓小朋友玩耍、還有很多儲物空間……各種想像一一浮現出來，彷彿聽到了歡聲笑語，興奮不已，滿心以為即將要搬到新家了。

沒想到，幾個禮拜以後，執事會告訴我那個場地沒辦法租到了，因為對方回絕我們的出價，而且沒有繼續談價碼，表示根本沒有討價還價的餘地！

希望忽然落空，心情從頂峰猛地跌落谷底，原本篤定地覺得神在動工，沒有比這裡更理想的地方了，殊不知全成泡沫，簡直比找不到時還更沮喪！年輕的我如果遇到安排的計畫遭中斷，一定會抓狂崩潰！還記得那天聽到執事說要另外找場地時，我正在開車，從擴音傳出來的壞消息像颶風襲來要將我擊倒，但現在的我不那麼脆弱，不至於失控，我把車穩穩停下來，用手機再找出那段美國牧師的講道影片重看一次，在逆境中我需要被鼓勵，聽別人的故事讓我沉澱心情，堅信只要繼續抓緊盼望，努力服事奉獻，不輕言放棄，神必定會做出偉大的事。

・不放棄盼望，應許一定來

又過了幾個月後，仲介帶我們去看一個場地，可惜空間太小並不適合。我難掩失望之情，這時仲介說他其實早就發現附近還有一個超級好的地方，但已經有公司在那裡租了好幾年。不知道為什麼，我很堅定地要他帶我們去看看。使用那裡的是一間專門轉租場地給別人辦活動的公司，一進到裡面，心中莫名地升起一個念頭：就是這裡了！而且很奇妙的是，我剛開始找的時候就有想到這個完美的場地——空間寬敞，大廳有挑高，在捷運站附近、交通方便，整間是獨棟的、有獨立出入口，沒有其他公司或餐廳，可以完全不受時間限制地盡量運用。但當時我就知道這裡已經有人租用多年，所以就作罷了。

沒想到仲介竟然又帶我來到這裡，我聽見神對我說：「不要想著遇到什麼機會，來決定你有可能做什麼；而要想你可能做什麼，去決定有沒有機會。」於是我請仲介繼續與原租戶洽談，一個月後，仲介傳一個簡訊給我：「要有心理準備，看起來不太樂觀。」後面加一個流汗的笑臉表情貼。我只能告訴團隊每天持續禱告，就這樣，在期待與失落之間情緒起起伏伏，然後，終於盼到了那神奇的一天！仲介通知說，可能是受到疫情影響，對方權衡得失決定退租。二〇二〇年八月，The Hope 終於有新家了！

無法用言語文字來表達我的喜悅與感激，這件事告訴我不要輕易放棄盼望，試著去夢想一下可能的圖片，然後再繼續嘗試、努力撐著，相信神的力量和安排，相信祂的應許一定會到來。

接著就要重新打造新家了，但種種成本耗費超出原先的預算，到年底時前已經快把錢花光了。裝潢公司拚命趕工，讓我們可以在二〇二一年一月就搬進去，問題是算算裝潢尾款和租金、薪水還缺少一千萬。有天晚上，苦惱萬分地踏進家門，女兒笑咪咪跑向我，我問她知不知道一千萬是多少錢，她當然沒概念，我就跟她解釋一番，然後父女倆開始哀哀叫，想說怎麼可能短時間籌到這麼大的數字！ Peggy 聽見了，走過來說：「你們兩個怎麼搞的？那我來禱告。」

到了十二月，我詢問同工願不願意延遲領薪水，請大家用簡訊回覆。當我看到一則則「我願意」、「沒問題」跳出手機螢幕，心中既感動又不捨，但不得不做最壞的打算。而這件事並沒有對外公布，結果年終特別奉獻時，所有教友再度發揮了捨己精神，最後的數字全部加起來剛好一千多萬。聚沙成塔，萬眾一心，再次完成一樁不可能的任務。

・你是否看見神的面具？

新的一年搬進新家，大家開始準備舉辦正式開幕會。神已回應了我的祈求，但答案形同挑戰，問題（problem）與承諾（promise）並存。聚會的人數從幾百個增加到幾千個，員工從八個增加到二十幾個，彷彿一剎那之間也增加很多事務必須調整，我跟部門之間的溝通、各部門之間的配合，種種管理問題越來越龐雜，所以對於我們來說，搬進新家並非就此 happy ending，反而是另一篇故事的開始。

開幕當天晚上，我們舉辦了一個敬拜之夜，把座位全部撤掉，讓所有人站著看表演，一起唱歌、禱告。我很興奮地站在樓上的走道凝望著進場的人們，由於我站的位置看不到外面，只見到一群群男女老少蜂擁而入，心中驚訝地想著：怎麼還有人在排隊？還沒有進場完？結果來了一千多人，擠得水洩不通，音樂響起，大家拍手歡唱，像在開演唱會般震撼。同工們跑上跑下，忙裡忙外，偶爾彼此交換眼神，忍不住覺得不可思議——這裡真的是我們的新家？這麼完美的場地，遠遠比之前錯失的那處更好，原來神允諾的超乎我們所想像，祂給我們這麼美好的應允，就是要我們完成更多任務與夢想。

當活動結束，人潮慢慢全部散去時，只剩下我們幾個同工留著收場，最後大家坐著聊天，談談個人的感受。從熱鬧光燦、喧譁激昂回歸到空蕩寂靜，我慢慢回想一整天發生的每個片段，而印象最深刻、一直在我腦海中迴盪的就是最後這個促膝相談的時刻。不是看到湧進來上千人時，也不是站在台上講道時，而是感覺擁有共同信念的好朋友如此團結、凝聚，一起完成了這些事最讓我心滿意足。活動成功當然很令人振奮，但最主要的核心是人跟人彼此相愛、理解、信任、合作，發揮極致去完成共同目標。日後每當教會遇到挫敗時，我都會提起那個感動時刻，期許彼此莫忘初心。

有時候，我覺得一切發生得太快了，不由得懷疑是不是記錯了時間？這段艱難的建堂過程應該持續三、五年比較合理吧？神真的是不公平地祝福我們，記得當時和幾個同事把東西搬進來時，看著亮黃雪白相間的四百坪新居，大家覺得簡直像在做夢，好像一群小孩子忽然擁有一座大城堡。神蹟再現，使我們一夜之間長大，要管理新家必須承擔更多責任，並發揮創意與能力來幫助群眾。

很多時候，神所賜予的東西彷彿戴著一層面具，表面看起來形同一個個問題，如果你看到問題就退縮或直接忽略，怎麼能得到祂的應許？就像拿到一個好球卻傳丟了，手裡一副好牌最後卻打輸了，只能怪自己的錯失。到了流著奶與蜜的迦南地以後，要做什麼才能維持這個地方的興盛美好？神還要我們繼續打造什麼樣的圖像、完成什麼樣的夢想？接踵而來的必然還有無數難關與危機，我們要齊心合力地面對，不然只會浪費掉禮物，白白糟蹋了神的美意。完美的開幕日開心歡呼後，接著就要想如何充分應用美麗的家，讓更多人來此聚會，讓我們服事、改變更多生命。這是神給予 The Hope 和所有人的祝福，我充滿感恩，盼望與大家迎向更美好的下一步。

你覺得神的祝福是公平的嗎？為什麼是？為什麼不是？

[後記] Life is Beautiful

重新回顧往昔，這本書的七個篇章濃縮了我生命中的一段段掙扎和體認。而每每在最絕望的谷底時，我會想起高中時媽媽對我說的那句話：「Life is beautiful.」

人生是美好的，但不代表是完美無瑕、一路平順的。從小到大我遭遇很多沮喪、憤怒、傷心、挫敗等等經歷，對未來失去了期待與信心，但透過信仰找回了盼望。

所有人都會在不同階段遇到不同挑戰、關卡，有時候可能會覺得陷入絕境，以為是故事的結束，但其實那只是一個轉折點。只要抱著「管他的，就是要有盼望」的決心，並且不只是許願、做白日夢，而是有所行動、創造機會，終於會發現「人生是美好的」。持續朝目標努力，不放棄，堅定信仰，一定會看到美麗人生。

延伸閱讀★熱賣中

你可以找自己聊聊：踏上自我探索之旅

萬力豪◎著

每週講道
在各大平台超過
六百萬次觀看

帶領超過
4000人以上
建立屬靈的家

看到雄偉的山，不會說那座山很成功；
看到廣闊的海，不會說這是一片成功的海；
神創造人，讓人住在美麗的、而非成功的花園裡。
偏偏人卻總是在追求成功，把成功當成美麗。——萬力豪

你是否害怕改變？你是否把「改變」當成敵人？還是你只想維持現狀，因為現狀讓你最舒適。
成就、外表、角色不足描寫一個人，只有核心價值，也就是個人原則才能定義「我是誰」。你想過跟自己的原則摔角嗎？

人生最大的悲劇是活在自己編織的謊言裡，因為我們無法接納自己的真實面。而你無法誠實面對，就無法愛自己。

《你可以找自己聊聊：踏上自我探索之旅》是萬力豪牧師以六個人生關鍵字，改變、原則、誠實、美好、意義、永恆，來整理自己。

很多人害怕「改變」，認為「改變」是敵人，但他說其實「改變」是我們的好朋友。

很多人覺得「犧牲」是負面的，感覺被拿走屬於自己的東西，但對的犧牲其實就是一種「投資」。

四十歲生日這一天他給自己一個獨處的時間，作為送給自己的生日禮物。按下暫停鍵，不一定能找到什麼啟示，沒有最終的答案，在寫滿的筆記本上，他尋求他對六個關鍵字的體悟，省思存在的價值處境。本書就是他的應答：什麼是曾有過的失敗、人生的懊悔、未來的夢想與期望、殘存的陰暗面……

牧師誠摯分享自身經營教會與生活中的掙扎，讓讀者得以反思自身的生命。如何接受共同創立教會的夥伴離開？如何定義自己成功與失敗？如何發現與尊重自己獨處的需要？如何創造有意義的人生？

每個階段我們都必須重新認識自己，在這個過程中，經驗信仰的慈愛，重生的喜悅。

【專文推薦】
「我發現自己在閱讀此書的時候，挖掘到許多智慧、許多我喜歡的句子，因此不斷畫下重點……」──連加恩醫師／作者／傳道人

延伸閱讀★熱賣中

《我為什麼相信？》

（10週年暢銷封面版）

提摩太．凱勒◎著　　趙郁文◎譯

只說你相信耶穌是沒用的，
除非你讓祂來改變你的生命，
並影響你看每件事物的觀點。

被譽為21世紀C.S.路易斯的提摩太．凱勒牧師，
利用文學、哲學與生活化的對話，一一解釋那些信徒常詢問他的疑惑。

提摩太．凱勒說：「沒有懷疑的信仰，就像一個身體內沒有抗體的人……
如果一個人未能耐心地傾聽自己內心的懷疑，他的信心可能在一夜間崩潰……」

對於信仰，有七個問題，讓我們疑惑至今：
一、難道這世界上，只能有一個宗教？
二、上帝這麼好，怎麼會讓苦難存在？
三、宗教是一件緊身衣，會讓人失去自由？
四、教會要對世上不公義負責？
五、一個有愛心的上帝怎麼會把人打入地獄？
六、科學已經駁斥了基督教？
七、不可能對聖經完全接受？

本書取材於古典文學、哲學、人類學，以及許多不同領域，提摩太．凱勒集合許多思想巨擘的發聲，幫助你認識神，了解真理，進而知道自己為何而活，為何相信。他說「改變生命的信仰以及與上帝連結，最好表達的方式是『信任』這個字。」就以本書，讓我們再一次根深信仰的力量。

延伸閱讀★熱賣中

《投降的勇氣》

（15週年經典封面版）

湯米．赫爾斯頓◎著　趙丕慧◎譯

你敢放棄，就會得到。
你敢承認，就會改變。
你敢下降，就會看見新的高度。
你敢投降，就會擁有一生愛的擁抱。

全世界都說成功才是王道，芬蘭國家治療師說，先與你的軟弱面對面。

為了控制人生，你假裝堅強；
為了坐擁財富有面子，你終日忙碌，行事曆滿滿；
為了模範掌聲，你強顏歡笑；為了挽回愛情，你甘願犯罪……
有一天，你發現你的人生充滿了問號。
我是誰？我為何而活？我為什麼害怕未來、生病、貧窮、死亡？
為什麼我的錢老是不夠用？我的孩子不尊敬我？我老是沒有空閒時間？
半夜三更還在為工作的問題驚醒？我的人生為什麼會變成這樣？
一連串的問號，人生突然變得不知所措……

被譽稱為芬蘭的國家治療師——湯米．赫爾斯頓，寫《投降的勇氣》時正面臨人生最大的危機，他住在空無一物，只剩一張床還有書桌椅的公寓埋頭寫下這本書。而他只想傳達一個觀念：就是你放棄什麼，終會再歸還於你！

Road 013

管他的，就是要有盼望 Hope Anyways

萬力豪牧師的7個人生變化球（燙金暢銷版）

填回函雙重禮
①立即送購書優惠券
②抽獎小禮物

作　　者｜萬力豪
文字協力｜金文蕙
出 版 者｜大田出版有限公司
台北市一〇四四五中山北路二段二十六巷二號二樓
E-mail｜titan@morningstar.com.tw http://www.titan3.com.tw
編輯部專線｜（02）2562-1383 傳真：（02）2581-8761
總 編 輯｜莊培園
副總編輯｜蔡鳳儀
行銷編輯｜張采軒
行政編輯｜鄭鈺澐
校　　對｜金文蕙／黃素芬
內頁美術｜陳柔含
初　　刷｜二〇二二年九月一日
燙金暢銷版｜二〇二五年五月一日　定價：三九〇元
網路書店｜http://www.morningstar.com.tw（晨星網路書店）
TEL：（04）23595819 FAX：（04）23595493
購書Email｜service@morningstar.com.tw
郵政劃撥｜15060393（知己圖書股份有限公司）
印　　刷｜上好印刷股份有限公司
國際書碼｜978-986-179-942-1　CIP：191.9/114002699

國家圖書館出版品預行編目資料

管他的，就是要有盼望 Hope Anyways：萬力豪牧師的 7 個人生變化球／萬力豪著 .
——二版——台北市：大田，2025.05
面；公分 .——（Road；013）

ISBN 978-986-179-942-1（平裝）

191.9　　114002699

・本書經文採聖經和合本之譯文。